Ilse Goldschmidt

Liselotte von der Pfalz

Madame im Intrigenspiel des Versailler Hofes

K. F. Schimper-Verlag, Schwetzingen

Die Deutsche Bibliothek - CIP Einheitsaufnahme

Goldschmidt, Ilse:
Liselotte von der Pfalz: Madame im Intrigenspiel des
Versailler Hofes / Ilse Goldschmidt. - Schwetzingen:
Schimper, 1996
ISBN 3-87742-106-7

© K. F. Schimper-Verlag GmbH

D-68723 Schwetzingen, 1996

ISBN 3-87742-106-7

Alle Rechte vorbehalten.
Verwertung und Vervielfältigung dieses Buches oder
Teilen davon nur mit Genehmigung des Verlages.

Text: Ilse Goldschmidt

Redaktion und Gestaltung: Jochen Pressler

Bildnachweis: Agence photographique de la réunion des musées nationaux, Paris, Archiv für Kunst und Geschichte, Berlin, Bildarchiv Museum Schloß Fasanerie bei Fulda, Bildarchiv im Kunstgeschichtlichen Museum der Philipps-Universität Marburg, Bildarchiv der Österreichischen Nationalbibliothek, Wien, Kurpfälzisches Museum der Stadt Heidelberg, Reiß-Museum der Stadt Mannheim

Satz: Grafikbüro Werner Jäke, St. Leon-Rot

Druck: Schwetzinger City-Druck, Schwetzingen

Inhaltsverzeichnis

	Seite
Vorbemerkung	4
Zehn glückliche Jahre? I.-V.	5
Madame de Maintenon VI.-XII.	44
Der Showdown XIII.-XVI.	79
Literaturverzeichnis	105
Anhang	107

Vorbemerkung

Wie ein roter Faden zieht es sich durch die gesamte Liselotte-Literatur: Die ersten zehn Jahre (1672 - 1682), die Elisabeth Charlotte von der Pfalz als Gemahlin des Herzogs von Orléans am Hofe Ludwigs XIV. verbrachte, seien glückliche Jahre gewesen.

Wenn man die Briefe studiert, die Liselotte bis zum Jahr 1680 an ihre Tante in Hannover und an andere Verwandte in Deutschland geschrieben hat, bestätigt sich diese Ansicht. Forscht man allerdings genauer nach, gelangt man zu einer differenzierteren Betrachtungsweise.

Die folgenden Ausführungen sind ein Versuch, die Schwierigkeiten aufzuzeigen, denen Elisabeth Charlotte von Anfang an bis zum Tode ihres Schwagers gegenüberstand, und die vielschichtigen Gründe hierfür zu beleuchten.

Zehn glückliche Jahre?

I.

Im November 1671 war Liselotte – genau Elisabeth Charlotte von der Pfalz – neunzehnjährig an den französischen Hof gekommen und durch die Heirat mit Monsieur, Ludwigs XIV. Bruder, Madame geworden. Sie betrat die Bühne des königlichen Hoftheaters zu einem Zeitpunkt, zu dem deren Hauptakteur, Ludwig XIV., sich auf dem Wege zum Höhepunkt seiner Macht und seines Ruhmes befand.

Nachdem man in Heidelberg verschiedentlich nach einem Heiratskandidaten für die Prinzessin Ausschau gehalten hatte, war diese Heirat durch die Vermittlung von Karl Ludwigs Schwägerin, Anna Gonzaga, die in Paris lebte, zustande gekommen. Carl Ludwig schien dies eine Fügung des Himmels zu sein, fürchtete er doch als Fürst eines Grenzlandes die von Ludwig XIV. ausgehende Gefahr für sein Land, das begann, sich von den Wirren des dreißigjährigen Krieges zu erholen. Durch diese familiäre Bindung hoffte er, eine Sicherheit in die Hand zu bekommen. Er fühlte sich durch diesen Antrag aber auch so geehrt, daß er jede Vorsicht außer acht ließ. *„Hochgeehrt fühlte sich ... Churfürst Carl Ludwig, als des Königs von Frankreich Ludwig XIV. Bruder, der Herzog Philipp von Orléans, nach dem am 10. Juni 1670 erfolgten Tode seiner ersten Gemahlin ... um die Hand seiner Tochter, der Prinzessin Elisabeth Charlotte, geworben hat. Der Prinzessin behagte dieser Antrag nicht, und ihr mißfiel die Vermählung mit dem königl. französischen Prinzen. Ein gewisses banges Vorgefühl ... ließ sie schlimme Folgen in der Zukunft befürchten, und hierin war die Churfürstin Mutter mit ihrer Tochter nicht nur eines Sinnes, sondern ... unterstützte sie sogar, was ihren Gemahl, den Churfürsten Carl Ludwig, sehr verdroß. Doch ... der Vater ... war, vom Glanz und der Macht des königlichen Hofes zu Versailles verblendet, für Philipp von Orléans ganz eingenommen, und drang unablässig, selbst mit Drohung, in seine Tochter, diesem Prinzen ihre Hand ... zu geben.*
Endlich gab die gute, folgsame Tochter mit folgenden Worten dem Vater die Vermählungszusage: So bin ich das politische Lamm, das für den Staat soll geopfert werden. Gott gebe, daß es wohl anschlage. (Reiger's Ausgelöschte Churpfalz, Simmerische Stammlinie).[1]
Dies waren die Gründe, derentwegen Carl Ludwig es versäumte, sich über die Verhältnisse am französischen Hof gründlich zu informieren und seine Tochter auf das bevorstehende Abenteuer vorzubereiten,

Kurfürst Carl Ludwig, Vater der Liselotte von der Pfalz

wie es der Herzog und die Herzogin von Savoyen getan hatten, bevor sie ihre Tochter Adelaïde, die dem 2. Dauphin als Ehefrau bestimmt war, an den französischen Hof schickten. Anstatt dessen verließ er sich völlig auf seine Schwägerin, Anna Gonzaga, die, wie Liselotte anmerkte, „nach Paris ging und mich im stich ließ."

Wenn Liselotte in späteren Jahren schrieb: „*Wäre mein heiratskontrakt nur schlechtweg gewesen, wie alle andere, so man hier macht, wäre es gut vor mich. Man hat aber express klauseln nein gesetzt, so nicht ordinari sein, damit ich nichts bekommen möge. Drum judiziere ich, daß papa selig die sach nicht müsse verstanden haben, mir eine solche sach unterschreiben zu machen; aber papa selig hatte mich auf dem hals, war bang, ich möchte ein alt jüngferchen werden, hat mich also fortgeschafft so geschwind er gekonnt hat."* [2]

Der zweite Teil mag zutreffen, beim ersten irrte Liselotte. Papa hatte den Heiratsvertrag nicht genau genug gelesen oder der Inhalt war ihm zu gleichgültig, um seine Berater damit zu befassen. Andernfalls hätte er sich diesen unheilvollen Schritt vielleicht reiflicher überlegt.

II.

Entgegen allen Erwartungen und zum Erstaunen ihrer neuen Verwandtschaft blendete der Glanz des französischen Hofes die junge Frau nicht. Ihr Gemahl, ein Lebemann, Witwer mit zwei Töchtern, zwölf Jahre älter als sie und an seiner jungen Frau nur mäßig interessiert, liebte große Feste, Bälle und andere Zerstreuungen, Putz, das Spiel und vor allem junge Männer. Für die völlig unerfahrene Liselotte war dies eine andere Welt.

Gänzlich unvorbereitet wie sie war, machte sie Fehler. Fehler, die zunächst großzügig übersehen wurden, die ihr später aber zum Unheil an diesem Hof gerieten. Es waren vor allem drei Eigenschaften, die ihr das Leben am Hof erschwerten: Sie hielt sich für ungebildet, sie fand sich häßlich, und sie war für die am Hof üblichen Intrigen und Machenschaften viel zu gutgläubig, angeblich ein Erbteil ihrer Wittelsbacher Vorfahren.

Ihr Vater, der Kurfürst, stammte aus einer hochbegabten Familie; an der Universität Leyden hatten er und seine Brüder eine ausgezeichnete humanistische Bildung erworben. Zwei seiner Schwestern standen mit Philosophen ihrer Zeit, Descartes und Leibniz, in enger Verbindung. Elisabeth, die älteste, beendete ihr Leben als Äbtissin eines protestantischen Damenstifts in Herford, Louise Hollandine trat zum Katholizismus über und starb als Äbtissin des Kloster Maubouisson, nicht weit von Versailles gelegen. Nur zwei seiner Schwestern heirateten, Henriette und Sophie. Dies mag dazu beigetragen haben, daß Carl Ludwig ausdrücklich bestimmte, seine Tochter solle keine „weibliche Gelehrte" werden, ein Gedanke, mit dem seine Schwester Sophie merkwürdigerweise übereinstimmte. Carl Ludwig muß also erkannt haben, daß seine Tochter einen Männerverstand besaß und ebenso intelligent war wie seine Schwestern.

Um zu verhindern, daß Liselotte in die Fußstapfen ihrer Tanten trat, was sie allen ihren Äußerungen nach gern getan hätte, wurde ihr Lehrplan, den der Kurfürst höchstpersönlich aufstellte, auf die üblichen Gebiete weiblicher Bildung beschränkt. Er achtete allerdings darauf, daß seine Tochter zu einer jungen Dame von Stand erzogen wurde, was damals für eine standesgemäße Heirat eine äußerst wichtige Voraussetzung war. Mädchen erhielten eine Frau als Erzieherin. Mehrere nacheinander versuchten ihre Kunst an Liselotte, aber nur an einer, der Jungfer Uffeln, hing sie mit großer Zuneigung und bewahrte ihr diese ein Leben lang. Ihr Bruder, obwohl nur mittelmäßig begabt, erhielt dagegen einen hervorragenden Lehrer – Spanheim –, der an seinem Schüler allerdings nicht viel Freude erlebt haben soll.

Über Elisabeth Charlottes Jugend in Heidelberg und über ihre Erziehung herrschen zum Teil merkwürdige Vorstellungen. In der Literatur reitet sie wild in Heidelbergs Bergwelt herum, sie durchstreift die Wälder rund um ihr väterliches Schloß. Sie „schreit" wie ein Tier, weil sie in ihren Briefen das Wort „schreyen" für weinen, schluchzen, verwendete (für lautes, mit Geräuschen verbundenes Geschrei benutzte sie das Wort „geras"), stößt ihre Gouvernante blutig, springt dem kaiserlichen Gesandten, Graf von Königseck, in der Kutsche auf den Schoß, kurz, sie beträgt sich wie eine ungezähmte Wilde.

Das Heidelberger Schloß um 1683.
Radierung von Johann Ulrich Kraus.

Die Realität sah anders aus. Um in den Hügeln oberhalb des Jettenbühels zu reiten, die steil und steinig sind, hätte Liselotte einen Maulesel haben müssen. Es gab keine Wege. Das Mehl für die Küche wurde z.B. von der Herrenmühle am Fluß mit Eseln auf einem steilen Pfad zum Schloß transportiert, der noch heute gezeigt wird. Ihr Vater erlaubte ihr nicht, ein Pferd zu besteigen. Reiten stand nicht auf ihrem Stundenplan. Ihre Mutter war eine begeisterte Reiterin. Leider widerfuhr ihr das Unglück, bei einer Jagdgesellschaft in Augsburg vom Pferd zu stürzen. Ihr Herr, der Kurfürst, fand dies anstößig, weil sie bei diesem Sturz ihre Beine zeigte. Tragischer war, daß sie durch diesen Unfall eine Frühgeburt erlitt. Das Kind starb kurz nach der Geburt. Auch Liselotte muß eine Frühgeburt gewesen sein. *"Ich bin zu Heidelberg geboren im 7ten Monat."*

Das erklärt den Ausspruch ihrer Mutter, als sie ihr neugeborenes Töchterchen sah. *"Mein töchtergen ist ein klein heslich morönchen, hoffe aber, sie sol bald zunehmen, den sie noch so mager als ein gnoessel."* In der Folge wurde die Reiterei eingeschränkt, wenn nicht gar untersagt.

In ihrem Brief vom 8. September 1718 (?) beschrieb Elisabeth Charlotte, wie sich die Episode mit dem kaiserlichen Gesandten abspielte.

"Ich bin einmal auf einer kleinen reise von Mannheim nach Heidelberg abscheulich gefilzt worden. Ich saß bei J. G. meinen Hn. Vater seel., in der kutsche, und ein abgeordneter vom Kaiser, Graf von Königseck, saß gegen mir über; ich war damals so mager und leicht, als ich nun dick und schwer bin. Ein cahos machte mich auffahren, ich fiel dem Grafen ins gesicht, es war meine schuld nicht, aber ich wurde brav ausgemacht, denn J.G.S. verstunden keine raillerie, man mußte den becher gerade bei I.G. tragen." [3]

In Band VIII der Zeitschrift „Geschichte des Oberrheins"[4-7] veröffentlichte Friedrich von Weech die Instruktionen, die Carl Ludwig anläßlich der Bestallung des Fräuleins Ursula Kolb von Wartenberg als Hofmeisterin der Kurprinzessin Elisabeth Charlotte erließ. Darin ist auf das genaueste festgelegt, was das elfährige Mädchen zu tun und vor allem, was es zu lassen hatte.

Die Urkunde umfaßt 22 Abschnitte. Sie beginnt mit der Erziehung in der christlichen Religion. Vorgeschrieben waren das Beten am Morgen und am Abend, das Lesen der Bibel in deutscher und französischer Sprache und das Auswendiglernen des Katechismus. Die Erzieherin sollte die Prinzessin aber auch Toleranz Menschen anderen Glaubens gegenüber lehren.

In Absatz 5 ist die Tageseinteilung festgelegt.

„Wenn unsere Tochter nicht krank ist, sorgt besagte Gouvernante dafür, daß sie um 8 Uhr aufsteht und um 10 Uhr abends im Bett ist. Nachdem sie angezogen ist, erhält sie ein kleines Frühstück, und um 4 Uhr ebenfalls eine kleine Mahlzeit, wenn sie dies wünscht. Besonders ist darauf zu achten, daß unsere Tochter nicht zuviel Fleisch ißt, vor allem kein schwer verdauliches ... und der Jahreszeit entsprechend Melonen, Gurken und anderes Obst ..."

In Abschnitt 6 liest man, welche Besucher sie empfangen durfte, und in Abschnitt 7 wird genau vorgeschrieben, was zu tun war, wenn sie das Schloß verließ.

„Für Ausfahrten ... gibt die Gouvernante die Erlaubnis, falls das Wetter und andere Umstände es gestatten. Sie selbst oder, bei Indisposition, die Damen unserer Tochter, haben sie stets zu begleiten und, falls besagte Tochter unterwegs eine Mahlzeit einnehmen möchte oder die Nacht außerhalb ihrer Wohnung verbringen will, bedarf es unserer Erlaubnis."

In Abschnitt 8 wird der Lehrplan umrissen.

„Gut deutsch und französisch lesen und schreiben, mit der Zeit auch italienisch und englisch, malen, singen, wofür sie einen Lehrer bekommen wird, tanzen, weibliche Handarbeiten und gute, moralisch einwandfreie sowie geschichtliche Lektüre. Dabei ist auf gute Körperhaltung zu achten und Grimassenschneiden zu unterbinden."

Latein stand nicht in diesem Lehrplan. Carl Ludwig selbst beherrschte es zwar. Aber für ein Mädchen wäre es zumindestens ungewöhnlich gewesen. Seine Tochter sollte kein Blaustrumpf werden wie seine jüngere Schwester Elisabeth, deren philosophische Argumentationen der ganzen Familie auf die Nerven fielen. Natürlich könnte man einwenden, dies alles stand nur auf dem Papier. Aber Carl Ludwig war nicht der Mann, der das Einhalten der von ihm selbst erlassenen Vorschriften nicht überwacht hätte. Wenn Liselotte bei Tisch die Finger in die Soßen gesteckt und die Hühner in den Schüsseln mit den Händen zerrissen hätte, wie die Prinzessin Adelaïde, die spätere Herzogin von Burgund, dies tat, hätte sie die Rute bekommen. Auch wenn sie 50 Jahre später erzählt, sie wäre morgens um fünf Uhr der Aufsicht ihrer Gouvernante entwischt, um Kirschen zu stibitzen, so war dies wohl eher eine Ausnahme. Gerade deshalb blieb es ihr als Abenteuer im Gedächtnis. Denn in Abschnitt 9 der väterlichen Instruktionen steht zu lesen:

"Ladite gouvernante couchera toujours dans la chambre de lit de nostre fille, et ne permettra pas que personne y entre ..."

Es kann also nicht so einfach gewesen sein, der Gouvernante zu entwischen.

Was die Wahl seiner Gemahlin anbetraf, hatte Carl Ludwig offenbar keine gute Hand. Die hessische Prinzessin, die er geheiratet hatte, konnte sich dem Heidelberger Hofleben nicht anpassen. Zwischen den Eheleuten gab es ständige Auseinandersetzungen, die schließlich in einer Verstoßung der Kurfürstin und in einer zweiten morganatischen Ehe des Kurfürsten endeten.

Um die junge Liselotte dieser Umgebung zu entziehen, möglicherweise aber auch, um Druck auf seine Gemahlin auszuüben, die die Scheidung verweigerte, schickte der Kurfürst seine Tochter an den Hof seiner Schwester nach Hannover.

Dort fand Liselotte eine liebevolle Aufnahme. Trotzdem muß ihr die Trennung von ihrem Elternhaus und von Heidelberg schwergefallen sein. Sie verlor jegliche Beziehung zu ihrer Mutter – die Briefe, die diese ihrer kleinen Tochter schrieb, wurden abgefangen – was, wie man heute weiß, Kindern einen bleibenden Schaden zufügen kann. Sie neigen dazu, die Schuld an den Zerwürfnissen ihrer Eltern sich selbst zuzuschreiben, und entwickeln unbewußt Schuldgefühle, die ihnen mitunter lebenslang anhaften, vor allem dann, wenn ihre eigene Ehe ebenfalls unglücklich verläuft, wie dies bei Liselotte der Fall war. Ihre kindliche Hyperaktivität und das Grimassenschneiden weisen darauf hin. Zudem war Carl Ludwig sichtlich bestrebt, etwa von der Mutter, die als schön, aber auch als sehr eitel beschrieben wird, ererbte unerwünschte Eigenschaften wie Eitelkeit und Launenhaftigkeit mit fragwürdigen Mitteln zu unterdrücken. Er redete dem Kind ein, es sei häßlich, was keineswegs zutraf, und scheute sich nicht, unpädagogische Mittel anzuwenden. Vermutlich hielt er es sogar für witzig, wenn er Liselotte einredete, sie habe ein „berenkatzenaffengesicht". Was immer sich das Kind darunter wohl vorgestellt haben mag, diese unerfreuliche Erziehungsmaßnahme hatte ebenso unerfreuliche Auswirkungen. Elisabeth Charlotte übernahm diese väterliche Kritik. Sie wurde ihr später zur fixen Idee. Wie ein Mensch sich darstellt, so wird er akzeptiert. Liselotte hat nicht nur ihr Äußeres, sondern auch ihre geistigen Fähigkeiten negativ dargestellt.

In der Literatur wird deshalb heftig darüber gestritten, ob Liselotte nun häßlich war oder nicht. Ihre Großmutter, Elisabeth Stuart, fand das Kind "pretty". Sophie schrieb an ihren Bruder:
„Sie sagt, sie habe keineswegs ein häßliches Gesicht, sondern findet sie sehr schön." Und Sophie ringt sich sogar eine halbherzige

Liselotte als junge Dame um 1675. Kupferstich von Pierre Simon

Zustimmung ab: „*Und in der Tat will es mir scheinen, als ob sie jeden Tag hübscher wird.*" [8]
Wahrscheinlich fühlte sich das Kind am Hof in Den Haag zum ersten Mal in seinem jungen Leben unbelastet.
„*Dieses Beharren auf der angeblichen Schönheit Liselottes, die damals, eben siebenjährig, mit ihrem stämmigen Körper eher einer kleinen Bulldogge ähnelte, grenzt an Besessenheit,*" [9]
findet van der Cruysse.
Wenn man allerdings die Gemälde und Grafiken betrachtet, die Liselotte in jungen Jahren darstellen, kann man nicht einsehen, wie diese Kontroverse überhaupt entstanden ist. Eines ihrer Jugendbildnisse – es befindet sich im Reiß-Museum in Mannheim – zeigt ein hübsches junges Mädchen mit blonden Locken, schönen

Augen und einem gut geformten Mund. Allerdings ist sie für ihre Jugend zu ernst. Ein anderes Gemälde, das wahrscheinlich von de Ruel um 1667 gemalt wurde, zeigt ein hübsches, noch kindliches Gesicht mit wachen Augen. Nichts von einer kleinen Bulldogge, mit der van der Cruysse sie vergleicht. Auch kein *„berenkatzenaffengesicht"*, wie ihr Vater es nannte, und wie sie selbst es immer wieder bezeichnete.

Wenn man dieses Bild Liselottes mit einem Gemälde vergleicht, das der Maler von Mythens um 1650 von ihrer Mutter malte, stellt man eine unübersehbare Ähnlichkeit zwischen Mutter und Tochter fest. Augen, Mund und Nase haben die gleiche Form. Auch die hohe Stirn mit den Ringellöckchen stimmt mit der der Mutter überein. Das Mädchengesicht ist runder; es hat noch nicht die ausgeprägte Form der erwachsenen Frau. Aber der kritische Blick der Mutter, die eine schöne Frau war, deutet sich bereits in dem jungen Gesicht der Tochter an.*

In ihrem Brief vom 21. Januar 1668, also zu der Zeit, zu der dieses Bild von Liselotte gemalt wurde, schrieb Sophie an ihren Bruder, Liselottes Vater:

„Was Liselotte anbetrifft, vorausgesetzt,
die Erbsünde zeigt sich nur in ihrem Gesicht und nicht in ihrem
Wesen, so denke ich, daß Ihr mit ihr zufrieden sein könnt, denn mir
scheint, daß sie einen sehr guten Charakter hat." [10]

Diese zynische Bemerkung kann sich doch nur auf die Ähnlichkeit der Tochter mit der von der ganzen Familie ungeliebten Mutter beziehen. Sie erklärt sicher auch die ablehnende Haltung Carl Ludwigs seiner Tochter gegenüber, die ihn täglich an die ungeliebte Gattin erinnerte, die es sich erlaubt hatte, ihm Widerstand entgegenzusetzen.

Wenn man allerdings allein nach dem Porträt-Stich eines sechsjährigen Mädchens von Johann Schweizer nach Wallerandt Vaillant urteilen will, so muß in Betracht gezogen werden, daß Stichwiedergaben nicht allzu verläßlich sind. Zudem kann sich die Physiognomie eines sechsjährigen Kindes später in einer ganz unerwarteten Richtung entwickeln. Störend empfindet man bei

---

*Die Hessische Hausstiftung, Museum Schloß Fasanerie, 36124 Eichenzell, teilte mir folgendes mit: „Jedoch bei der Dame, die lange Zeit als Charlotte gegolten hat, handelt es sich mit großer Wahrscheinlichkeit um Eleonora Catharina, Pfalzgräfin bei Rhein (1626-1652)."
Im Stammbaum der Pfalzgrafen bei Rhein habe ich eine Eleonora Catharina um diese Zeit bisher nicht gefunden. (D. Verf.)

Jugendbildnis
von Liselotte von der Pfalz

Bildnis der Pfalzgräfin Eleonora Catharina,
das lange Zeit als das Porträt von
Liselottes Mutter galt

Kinderbildnis von Liselotte. Stich von
Johann Schweizer nach einer Zeichnung
von Wallerandt Vaillant.

Charlotte von Hessen-Kassel,
Mutter von Liselotte

diesem Bildchen die schwere Stirn und die eng zusammenstehenden Augen. Der Kopf erscheint zu schwer für die schmalen Schultern, und die weiten, gebauschten Ärmel täuschen eine untersetzte Figur vor. Die Augen wirken zunächst, als ob das Kind „die Welt mit herausfordernden Blicken betrachtete", wie van der Cruysse meint. Schaut man aber länger hin, so entdeckt man in den Augen des Kindes eine ganz unkindliche Trauer. Die unerfreulichen Familienverhältnisse waren nicht spurlos an dem Kind vorübergegangen. Es gehört aber viel Phantasie dazu, das Gesichtchen mit dem Aussehen einer Bulldogge zu vergleichen.

Georg Poensgen, der dieses Bild veröffentlichte, schrieb über das von Liselotte vorhandene Bildmaterial:
„So richtet sich die Vorstellung (über Liselottes Aussehen in ihrer Jugend) *in der Hauptsache nach wenig zuverlässigen Stich-Wiedergaben ..."* [11]

In seinem Büchlein „Bildnisse der Liselotte von der Pfalz" geht er auf die Augenfarbe Liselottes ein.
Viele Bilder, vor allem die der französischen Maler, zeigen sie mit braunen Augen. Liselotte hatte aber blaue Augen. Poensgen meint, ihre Eltern hätten „die äußersten Kontraste im Augenkolorit repräsentiert". Das muß ein Irrtum sein. Liselottes Mutter wird als aschblond und blauäugig beschrieben. Sie färbte ihre hellen Augenbrauen schwarz, wodurch ein merkwürdiger Kontrast entstand. Vielleicht ist das der Grund, daß man sie für dunkeläugig hielt.

Liselottes Vater hatte nach ihrer eigenen Aussage dunkelblaue Augen. In einem Brief vom 19. September 1685 schrieb sie an ihre Schwägerin Wilhelmine Ernestine:
„ ... mein Herr vater selig, muß erschröcklich nach meiner abreis von Heidelberg verändert und gar veraltet sein, weilen er,
... an dem itzigen Kurfürsten muß geglichen haben. Vor einundzwanzig jahren habe ich Seine Liebden gesehen; glich aber damalen nicht an Ihro Gnaden den Kurfürsten selig ... worinnen aber einige gleichnis sein kann, ist es in den augen; denn beide hatten dunkelblaue augen und viel verstand drinnen." [12]
Sie muß auch den empfindlichen Teint der Blondinen gehabt haben, sonst wäre ihr Gesicht bei den stundenlangen Jagden nicht verbrannt, wie sie schrieb, sondern hätte sich gebräunt.
Im Vorwort zu seinem Buch „Madame sein ist ein ellendes Handwerck" schrieb van der Cruysse:
„Henry und Lissie van Nieuwenhuyse (Gent) *entdeckten das*

wunderschöne Portrait von Madame, das den Einband dieses Buches schmückt und allen, die sich für Liselotte interessieren, unbekannt war." [13]

Gemalt wurde dieses Bild von Frederico Luci unter Verwendung eines Portraits der Herzogin von Orléans, zugeschrieben Hyacinthe Rigaud, Musée des Beaux-Arts, Niort. Der Maler stellte Madame ebenfalls mit braunem Haar und braunen Augen dar, obwohl sie zweifelsohne helle Haare und blaue Augen hatte. Sie trägt hier eine Art Hauskleid, das sie nach ihren eigenen Worten bis ins Alter nicht kannte.

„Ich habe in mein leben keine robe de chambre getragen … ich habe auch in meiner garderobe nur einen entzigen nachtsrock, nur damit aufzustehen und zu bette zu gehen, sonst nichts." [14]

Madame selbst beurteilte das Bild von Rigaud im grand habit als das ähnlichste aller ihrer Konterfeis. Es ist wohl das bekannteste von ihren Bildern.

III.

Zu ihrer Überzeugung, häßlich zu sein, gesellte sich das Gefühl, keine ausreichende Bildung zu besitzen. Sie betrachtete dies als einen Mangel, betonte sie doch immer wieder, ihr Kopf reiche nicht aus für schwierige Fragen, vom Regieren und von Politik verstehe sie nichts. Ein dummer Mensch sagt so etwas sicher nicht von sich selbst – er bemerkt es gar nicht. Ihre Zeitgenossen bescheinigten ihr zwar Realitätssinn und eine scharfe Beobachtungsgabe. Im übrigen wird sie – mehr oder minder verbrämt – als dümmlich-naiv, extrem neugierig, eifersüchtig und geschwätzig dargestellt.

Es war aber wohl eher so, daß die von ihr selbst immer wieder betonten Mängel Elisabeth Charlotte daran hinderten, ihre Persönlichkeit ins rechte Licht zu rücken, wie viele Mitglieder der königlichen Familie dies mit Erfolg taten, obwohl sie körperliche Gebrechen hatten oder unschön von Gesicht waren und weniger Bildung besaßen als sie. Die Königin sprach nicht einmal genügend französisch. Sie unterhielt sich in einem schrecklichen Gemisch aus Französisch und Spanisch, obwohl sie bereits elf Jahre im Lande lebte, als Liselotte an den französischen Hof kam. Monsieur schrieb so übel, daß er seine eigene Schrift nicht entziffern konnte und seine Frau bat, ihm seine Briefe vorzulesen, da sie an seine Schrift gewöhnt sei. Die Brüder hatten nie ein Buch gelesen, und wenn der König diesem Mangel in späteren Jahren auch abzuhelfen suchte, so blieb die Tatsache bestehen, daß Elisabeth Charlotte mehr Bildung besaß und vor allem interessierter war als viele ihrer französischen weiblichen Verwandten. Schon das Studium nur eines Teils ihrer Briefe zeigt, daß in bezug auf ihre Bildung – leider auch durch ihre eigene Schuld – ein unangemessenes und manchmal auch verzerrtes Bild entstanden ist. Diese Briefe, die für sie lediglich eine Beschäftigung und eine Ablenkung von ihrer unglücklichen Situation bedeuteten, waren reine Privatbriefe, die keineswegs für eine Publikation bestimmt waren. Sie waren der spontane Ausdruck ihrer jeweiligen Gemütsverfassung, ein Ventil für die Unterdrückung ihrer Persönlichkeit und nur für die jeweiligen Empfänger bestimmt. Sie vermitteln das Bild einer Frau von scharfem Verstand und schneller Auffassungsgabe. Aber auch sie war von Fehlern und menschlichen Unzulänglichkeiten nicht frei. Wer ihre Briefe allerdings mit dem Salon-Geplauder einer Madame de Sévigné vergleichen möchte, das unter völlig anderen Voraussetzungen entstand, wird Liselottes prekärer Situation nicht gerecht. Hätte Madame ahnen können, wie ihre Briefe in späteren Jahrhunderten gelesen und interpretiert werden würden, sie hätte sicher alle Hebel in Bewegung gesetzt, um sie vernichten zu lassen. Ihre Schwester Louise, die sich nach dem Tod der Kurfürstin Sophie in Hannover aufhielt, verbrannte die Briefe nicht, obwohl Madame sie mehrmals bat, alle ihre an ihre Tante gerichteten Briefe „zu brennen".

Es ist immer wieder bedrückend zu sehen, wie diese Briefe zerpflückt, aber trotzdem leider nicht immer genau gelesen werden. Allein die Auswahl, die für spätere Veröffentlichungen aus den Sammlungen Bodemann, Holland und Helmolt getroffen wurde, hat anscheinend den Eindruck gefördert, Madame habe überwiegend „despektierliche" Briefe geschrieben und dadurch ihre unglückliche Situation selbst verschuldet. Ihre kaum zu lösenden Schwierigkeiten werden häufig mit einigen kurzen Sätzen abgetan. Sie wird als unverträglich, unflexibel und ungesellig beschrieben. (Zumindest, was den letzten Vorwurf betrifft, hat sie die – verständlichen – Ursachen und Gründe hierfür in ihren Briefen mehr als einmal dargelegt)

„Madame hatte sich mit ihrem Mann völlig überworfen und sich damit abgefunden, aber auch mit dem König, was ihr viel Kummer machte."
(Philippe Erlanger, „Ludwig XIV.") [15]
Das trifft so nicht zu. Es machte ihr sehr wohl Kummer, daß ihre Ehe nicht so verlief, wie sie es sich gewünscht hätte. Sie machte auch Versuche, sich mit Monsieur auszusprechen.

Ludwig XIV., Kupferstich nach einem Gemälde von Nicolas Mignard

„Nicht allein bey dem König, sondern auch bey mons. le dauphin und alle menschen tut er, was er kann, um mich verhaßt zu machen. Wenn ich ihm dann sag: Pourquoi me voulez-vous faire haïr, Monsieur?, so antwortet er nicht, schudelt den kopf und lacht." [16]
Da es angesichts eines solchen menschlichen Hilferufs eigentlich nichts zu lachen geben sollte, darf man annehmen, daß ihr Gatte

Monsieur, Philipp Herzog von Orléans

seine „Unterminierungstätigkeit" in voller Absicht, wenn nicht im Auftrag leistete, gewiß aber mit Unterstützung Lorraines. Sie wußten: Niemals und unter keinen Umständen durfte die zweite Madame soviel Einfluß auf den König gewinnen, wie ihn Henriette von England besessen hatte. Madame wurde kritisiert; Ludwig XIV. wurde bewundert.

„Man muß Ludwig XIV. bewundern, daß er so viel Zeit für diese Affäre opfert, obwohl doch andere, weit wichtigere Probleme seine Aufmerksamkeit beanspruchen." (v.d.Cruysse, „Madame sein ist ein ellendes Handwerck.")[17]

Mit der Begnadigung des Chevalier de Lorraine, drei Monate nach Monsieurs zweiter Heirat, hatte Ludwig jedoch bewußt den Frieden im Hause Orléans gefährdet und damit die Chance für eine erträgliche Ehe seiner Schwägerin von vornherein zerstört. (Darauf wird noch zurückzukommen sein.)

Es war wohl eher so, daß Monsieur, der König und seine Familie sich mit Liselotte überworfen hatten und nicht umgekehrt. Sie hatte allerdings kein Verständnis für die Intrigen und den Klatsch, die sie umgaben, und die das täglich Brot der Höflinge waren. Wenn sie selbst sich um eine "irréprochable conduite" bemühte, dann erwartete sie von anderen, die eine solche vermissen ließen, in Ruhe gelassen zu werden. Tugenden wie sie sie besaß, Aufrichtigkeit, treue Freundschaft und „ein gutes gemüth", waren altmodische Requisiten an einem Hof, an dem der Allerchristlichste selbst dafür sorgte, daß Klatsch und Intrigen niemals abrissen.

„Von der Höhe des Olymps herab hält der Meister die Minister, die Mätressen, die Prinzen von Geblüt an seinen Fäden … Niemals wird er ihnen die Gelegenheit geben, seinen Willen zu zwingen, ihn zu regieren, was sie vielleicht könnten, wären sie sich einig. Deshalb schürt er die Uneinigkeit unter den Günstlingen, unter den Mitgliedern des Rats und vor allem in der sonderbaren Ehe von Monsieur, seinem Bruder." (Erlanger, „Ludwig XIV.").[18]

Bei dieser „sonderbaren Ehe" handelte es sich um die erste Ehe Monsieurs mit Henriette von England, Schwester König Karls II. und Cousine Monsieurs. Sie währte nur neun Jahre. In seinem Buch „Louis XIV" schrieb W.H. Lewis über die erste Gemahlin Monsieurs:

„Sie war so arm, daß sie fast einer anderen Gesellschaftsschicht angehörte, nämlich dem verarmten Adel. Während der Fronde … hatten sie und ihre Mutter geradezu Not gelitten. Henriette wußte, was es heißt, hungrig vom Tisch aufzustehen. Sie hatte erfahren, daß Strümpfe sich nicht von selber stopfen, und hatte … unter dem Bewußtsein gelitten, daß nicht einmal ihre besten Kleider einer Kammerzofe aus gutem Hause gut genug sein würden …" [19]

Und die Grande Mademoiselle fügte hinzu:

„Es stimmt allerdings, daß Madame sehr mager war … Sie hatte das Geheimnis erfunden, ihren schönen Wuchs bewundern zu lassen, obwohl sie bucklig war … Auf jeden Fall spielten körperliche

Unzulänglichkeiten der Prinzessin nicht die geringste Rolle." [20])
Offenbar wurde Henriettes Mitgift von 40.000 Englischen Pfund ebensowenig ausgezahlt wie die der zweiten Madame.
Im Oktober 1662 wurde zwar eine Zahlungsanweisung über £ 10.300 ausgefertigt; ob sie jemals ausgezahlt wurde, steht nicht fest. Im Oktober 1663 wurden £ 10.000 angewiesen, die im April 1664 ausgezahlt wurden.
„Es ist aber zweifelhaft, ob die volle Summe jemals ausgezahlt wurde. Im November 1670, nach Madames Tod, erhob Monsieur Anspruch auf die Restsumme zu dem Zweck, sie als Mitgift für die jüngste Tochter seiner verstorbenen Frau zu verwenden." (Charles H. Hartmann, "Charles II. and Madame", S. 58/59) [21]

Dies zeigt, daß Elisabeth Charlotte es nicht verstand, daß man ihr aber auch keine Chance gab, ihre Vorzüge, die sie ja wohl besessen haben muß, ins rechte Licht zu rücken. Sie wird als arm, häßlich, ungebildet und mit dem Aussehen eines Türstehers dargestellt. Auch in der ersten Ehe Monsieurs war der Chevalier de Lorraine, über den Liselotte sich später so bitter beklagte, der böse Geist, der Monsieur zu Wutanfällen und Schikanen gegen seine Frau aufreizte. Als sehr kokett beschrieben, war Henriette allerdings eine andere Natur als ihre Nachfolgerin. Sie hielt sich für den Ärger, den man ihr bereitete, schadlos. Ihre Beziehung zu ihrem Schwager war nicht nur sehr gut, sondern so intim, daß Monsieur eifersüchtig wurde. In seinem Buch „Der Versailler Hof". gibt M. J. v. Crusenstolpe folgende Beschreibung von Monsieurs erster Frau:
„Munter, lebhaft, hübsch und anmutig, wurde sie mit einem kleinen, trägen und häßlichen Prinzen vermählt … Monsieur war klein, untersetzt, mit großen, matten, hervorstehenden, ausdruckslosen Augen. Es war eine Vermählung von Feuer und Wasser, Licht und Dunkel, die sich nicht zur Harmonie eignete … Bald war es bei Hofe nicht länger ein Geheimnis, daß Monsieur für die Herzogin Nichts, und der König Alles war." [22]
Die Königinnen, Anna von Oesterreich und Maria Theresia, Ludwigs Gemahlin, sahen sich veranlaßt, an Henriettes Bruder zu appellieren, damit er „ihr den Kopf wasche". In Charles Briefen an seine Schwester aus jener Zeit ist allerdings darüber nichts zu finden. Mit Hilfe einer Intrige wurde der Fall, wenn auch nicht gelöst, so doch auf ein anderes Gleis geschoben. Ludwig sollte einer Ehrendame Madames den Hof machen, um die allgemeine Aufmerksamkeit von Henriette abzulenken. Das Unerwartete geschah: Ludwig verliebte sich in Mademoiselle de La Vallière, und Henriette hatte das

Nachsehen. Sie fand Ersatz im Grafen von Guiche, ältester Sohn des Marschalls von Gramont und Favorit Monsieurs.

Einige englische Autoren versuchen, Henriettes Verhältnis zu ihrem Schwager und ihre Affäre mit de Guiche als platonisch darzustellen. Weshalb sie das tun, ist nicht recht ersichtlich. Gesetzt den Fall, Henriette habe weder Ludwig noch de Guiche „die letzte Gunst gewährt", wie C. H. Hartmann es ausdrückt, so ist das schwierig zu beweisen. Vor allem, wenn man das einnehmende Wesen des Königs und den Ruf des Grafen von Guiche in Betracht zieht. Vermutlich hatte Ludwig XIV. schon sehr früh die Idee, die Zuneigung, die Henriette und ihren Bruder verband, für seine Pläne zu nutzen. Er beabsichtigte, Henriette als Unterhändlerin nach England an den Hof Karls II. zu entsenden. Monsieur wurde von diesem Vorhaben nicht unterrichtet.

„Als Madame es begriffen hatte (daß der Erfolg von Ludwigs Plänen vom Verhalten Englands abhing), glaubte sie, den ehelichen Krieg gewinnen zu können, der allmählich in eine Tragödie auszuarten schien ..." (Erlanger, „Ludwig XIV.") [23]

Die Verhandlungen über eine Allianz mit England zogen sich hin. Inzwischen hatte Lorraine von der geplanten Reise Henriettes nach England Wind bekommen und Monsieur davon in Kenntnis gesetzt. Der König ließ Lorraine verhaften und nach Pierre Encise bringen. Monsieur war wütend und ließ es Henriette entgelten, weil er glaubte, sie habe die Verhaftung seines Favoriten durchgesetzt (was Henriette allerdings bestritt). Da Lorraine Monsieur täglich mit Briefen bombardierte, wurde er in das weiter entfernt gelegene Château d'If verbracht. Schließlich verbannte ihn der König nach Italien mit dem Befehl, nicht mehr nach Frankreich zurückzukehren. Monsieur war untröstlich. Er warf sich seinem Bruder zu Füßen und bat um die Rückkehr seines Favoriten, aber Ludwig blieb unerbittlich. Er konnte gar keine andere Entscheidung treffen, ohne den englischen König zu verärgern, der sich für die Entfernung Lorraines eingesetzt hatte.

Anfang Mai 1670 ging Henriette in Dünkirchen an Bord, um sich mit ihrem Bruder in Dover zu treffen. Sie kam mit einem Vertrag nach Frankreich zurück, den Erlanger mit einer „Höllenmaschine" verglich, *„die ein halbes Jahrhundert der Kriege ausgelöst, die Stuarts die Krone und die Bourbonen die Vorherrschaft gekostet hat."* (Philippe Erlanger, „Ludwig XIV.", S. 192) [24]

Hatten Henriettes Feinde ihr Rache geschworen? Am 29. Juni 1670, 3 Wochen nach Beendigung ihrer Reise nach England, starb sie mit

26 Jahren plötzlich und unerwartet und ohne daß die Ärzte die genaue Todesursache feststellten oder feststellen konnten. Die Quellen sprechen von einer Bauchfellentzündung, andere von Cholera morbus (hierfür fehlten die Symptome), die Gerüchte sprachen von Gift, auch deshalb, weil sie selbst der Überzeugung war, vergiftet worden zu sein. Erlanger schrieb:

„Er (der König) *behandelte seinen Bruder wie vorher. 1672 wurde der Chevalier von Lorraine in Gnaden wieder aufgenommen … Der Marquis d'Effiat , dem man nachsagte, er habe eigenhändig das Gift verabreicht, genoß die gleiche Gunst, brachte es bis zu einem hohen Orden und gehörte schließlich dem Regentschaftsrat für Ludwig XV. an. Es ist kaum anzunehmen, daß der König – fromm geworden und in diesem Fall nicht der Rücksicht auf die Staatsraison verpflichtet – Personen ausgezeichnet hätte, wenn er sie für schuldig am Tod seiner Schwägerin halten mußte."* [25]

Noch Mitte 1670 hatte Ludwig seiner Cousine, der Grande Mademoiselle, versichert:

„Was mich betrifft, so werde ich niemals meine Einwilligung geben, daß der Chevalier je wieder in die Nähe meines Bruders kommt. So sehr ich dabei an die selige Madame denke, gibt es doch auch noch andere Gründe, die mich bewogen haben, ihn aus der Umgebung meines Bruders zu entfernen." [26]

Zuvor hatte er ihr die Hand seines Bruders auf eine Art angeboten, die eher an den Abschluß eines Angestelltenvertrages als an ein Heiratsangebot erinnert:

„Da ist ein Platz frei geworden, liebe Cousine, wollen sie ihn nicht einnehmen?" [27]

Die „liebe Cousine" scheint auf diesen Posten verzichtet zu haben. Keine zwei Jahre später, drei Monate nach Liselottes Hochzeit, hatte der König seine Worte vergessen. Bereits am 28. Oktober 1671 war ein Brief des Cardinals d'Estrées aus Rom in seine Hände gelangt, in dem dieser Ludwig wissen ließ, der Chevalier de Lorraine wünsche, ins Palais Royal zurückzukehren.

Anscheinend hat der König seinen Bruder befragt – so man Madame de Sévigné Glauben schenken kann –, bevor er eine Entscheidung traf: *„Denken Sie noch,"* hatte er gesagt, *„an den Chevalier de Lorraine? Machen Sie sich seinetwegen Sorgen?"* [28]

Schon die Wortwahl verrät, falls die Übersetzung korrekt ist, mehr von Ludwigs Gedanken, als ihm lieb gewesen sein mag.

Was könnte den König nun tatsächlich veranlaßt haben, diesen Intriganten zu genau diesem Zeitpunkt zu begnadigen? Zufall kann es

Le Chevalier Philippe de Lorraine

nicht gewesen sein, wie Erlanger meint, wenn er schreibt, Liselotte habe sich für ihren imponierenden Schwager erwärmt wie „eine romantische Pensionatsschülerin". Das habe ihn aber nicht gehindert, ihr Unglück vorzubereiten, indem er den Chevalier de Lorraine zurückkommen ließ. Die Frage ist, weshalb er ihr Unglück vorbereitete. Denn wenn Liselotte sich tatsächlich wie eine Pensionatsschülerin verhalten hätte, was ihr übrigens gar nicht lag, hätte das doch eher Ludwigs Beschützerinstinkte wecken müssen, zumal er wußte, was dieser jungen Frau in ihrer Ehe mit seinem Bruder auch ohne den Chevalier bevorstand. Zu diesem Thema schreibt Mathilde Knoop in ihrem Buch „Liselotte von der Pfalz":

„Wenige Wochen nach Monsieurs Eheschließung mit Liselotte hatte der König aus einer Laune oder aus hintergründiger Berechnung dem Verbannten die Rückkehr nach Paris erlaubt." [29]

Auch diese vage Erklärung reicht nicht aus für einen Schritt, der, wie der König sehr wohl wußte, einschneidende Veränderungen im Hause Orléans nach sich ziehen mußte. Und was mag ihn veranlaßt haben, bis zum Februar 1672 zu warten, ehe er handelte, obwohl er den Brief des Kardinals vier Monate zuvor erhalten hatte?

Alle Zeitgenossen, ebenso wie alle späteren Autoren, stimmen darin überein, und Ludwigs eigene Worte belegen dies immer wieder, daß er nie etwas ohne Absicht oder gar ohne Überlegung tat. Seine merkwürdigen Memoiren, die streckenweise an Gedanken und Ratschläge Mazarins erinnern, sind ein weiterer Beweis dafür. Mehrere Möglichkeiten bieten sich an.

Ad 1: Denkbar wäre es, daß bei dem Namen Gonzaga, dessen Trägerin eine ausschlaggebende Rolle bei der Vermittlung und am Zustandekommen der zweiten Ehe Monsieurs spielte, Erinnerungen an eine dunkle Zeit der Schwierigkeiten und der Entbehrungen während der Fronde in Ludwig aufstiegen, die er trotz seiner Jugend sehr bewußt erlebt hatte. Die Gonzaga scheint damals nicht nur eine unrühmliche, sondern sogar eine gefährliche Rolle gespielt zu haben, wenn Mazarin dem spanischen Kanzler gegenüber folgende Bemerkung gemacht haben soll: In Frankreich gebe es drei Frauen, die fähig wären, drei große Königreiche zu regieren oder zu stürzen: Die Herzogin von Longueville, die Prinzessin von der Pfalz und die Herzogin von Chevreuse. Als diese Frau jetzt ihre Nichte als Ehefrau für seinen Bruder ins Spiel brachte, mag die Begnadigung Lorraines dem König als eine Möglichkeit später Vergeltung an deren Familie erschienen sein, zumal sich seine Pläne einer Gebietserweiterung im Osten damit ausgezeichnet verbinden ließen. In diesem Fall wäre Liselottes Schicksal von vornherein besiegelt gewesen, wie immer sie sich persönlich auch verhalten hätte.

Wie deutlich Ludwig sich an die Zeit der Fronde erinnerte, zeigt eine Passage aus seinen Memoiren. Er erwähnt hier eine Auseinandersetzung mit seinem Bruder, bei der es um die Zubilligung eines Lehnsessels für dessen erste Gemahlin, Henriette von England, in den Gemächern der Königin ging. Ludwig versagte ihm diesen Wunsch mit der Begründung, er könne ihm nichts gewähren, was seinen Bruder ihm, dem König, gleichstelle. *„Freilich gab ihm einen Monat später der plötzliche Tod des Prinzen von Conti Anlaß,"* so fährt er fort, *„neue Ansprüche zu stellen. Er forderte jetzt den*

Gouverneursposten für die Languedoc und stützte sich vor allem darauf, daß mein Onkel früher diesen Posten innegehabt habe."
Der König lehnte auch diesen Anspruch seines Bruders ab,
„... denn ich war überzeugt, daß man es an Vorsicht und Vernunft fehlen ließe, wenn man nach den Unruhen, die Frankreich so oft erlebt hat, die großen Gouverneursposten den Prinzen des königlichen Hauses anvertraute. Das Staatswohl fordert es, daß sie niemals eine andere Zuflucht haben, als den Hof des Königs, und daß sie nur im Herzen ihres Bruders geborgen sind. Das Beispiel meines Onkels, auf das sich mein Bruder berief, bestätigte geradezu meine Auffassung. Die Ereignisse, die sich während meiner Minderjährigkeit zugetragen hatten, zwangen mich, dafür zu sorgen, daß ihnen so etwas nicht wieder zustoßen könnte, falls ich von ihnen schiede, bevor sie erwachsen sind." [30]

Dies legt den Schluß nahe, daß der König seinem Bruder nie getraut hat. Dieses Mißtrauen übertrug sich später auf dessen gesamte Familie und kulminierte in dem Zerwürfnis zwischen den Brüdern, das am 9. Juni 1701 zum Tode Monsieurs führte.

Ad 2: Die Monate November 1671 bis Februar 1672 hatten dem König Gelegenheit gegeben, seine neue Schwägerin kennenzulernen und festzustellen, daß sie eine sehr charakterfeste und eigenwillige junge Dame war. Vielleicht hatte ihn der Gedanke beschlichen, sie könne seinen labilen Bruder in einer Weise beeinflussen, die seinen eigenen Plänen und Absichten zuwider lief. Ein plausibler Grund, erneut einen Spion ins Palais Royal zu setzen. Wenn man sich die lächerliche Szene während Liselottes Unpäßlichkeit Ende Januar 1672 ins Gedächtnis ruft, ergibt dieser Gedanke durchaus Sinn.

„Sie haben mir mit aller gewalt wollen aderlassen und medicin geben, aber ich hab durchaus nicht gewollt. Endtlich wie sie keinen rat mehr mit mir gewußt, hat der König und Monsieur kommen wollen; einer hat mir wollen den ahrm der andere die ander handt und den Kopf mit aller gewalt halten, aber zu allem glück hat mich eine jungfer besucht, welche verursacht, daß man mich nicht gelassen hat," [31]

schrieb sie am 4. Februar 1672 an Frau von Harling.

Ad 3: Bei Ludwigs sprichwörtlichem Charme hatte er diesen vielleicht auch bei seiner neuen Schwägerin spielen lassen, in Erinnerung an seinen Erfolg bei ihrer Vorgängerin. Liselotte war jung, und ihre offene, spontane Art gefiel ihm. Sie besaß Realitätssinn und strenge moralische Grundsätze ohne Frömmelei, ein Novum an diesem Hof, an dem es Affären und Skandale ohne Zahl gab, und an dem die

Damen sich um die Gunst des Königs rissen. Diese ungewöhnliche Schwägerin muß Ludwigs Neugier geweckt haben. Zugleich mag es ihn gereizt haben auszuprobieren, ob diese Grundsätze nicht zu erschüttern seien. Sollte diese gehirngesteuerte Amazone nicht ebenfalls verwundbar sein?

Wenn dem so war, muß Liselotte versucht haben, Ludwigs Annäherungsversuch zu übersehen oder auf freundschaftliche Art abzuwehren. Vielleicht erschreckte sie ein solcher Versuch sogar. Es wäre ihr niemals in den Sinn gekommen, eine Affäre mit ihrem Schwager zu beginnen. Sie bewunderte ihn, sie liebte ihn, wie sie selbst wiederholt unbefangen schrieb. Es ist aber kaum anzunehmen, daß sie sich hierüber so freimütig geäußert hätte, wenn sie tatsächlich in ihren Schwager „verliebt" gewesen wäre.

Sollte diese Beobachtung zutreffen, so hat Ludwig Madame die ablehnende Haltung mit Sicherheit niemals vergessen. *„Ludwig vergaß nie etwas, höchstens ein Versprechen,"* schrieb Erlanger, und Saint-Simon fügte hinzu, *„das er aber fast nie gab."* *„Seine Selbstliebe konnte eine Zurückweisung nicht ertragen,"* schrieb ein anderer Autor, und man ist versucht hinzuzufügen: *„schon gar nicht von einer Frau."*

Es gibt aber noch einen subtileren Hinweis für diese Theorie. Als die Clique um den Chevalier de Lorraine den Plan faßte, Liselotte eine Affäre mit einem Offizier anzudichten, soll Ludwig als Beweis für ihre Unschuld gesagt haben: *„Ich … bin bereit, für die Herzogin meine Hand ins Feuer zu legen."*

Wann hat man jemals gehört, daß sich der König für irgendeinen Menschen so engagiert hätte? Meinte er, seine Schwägerin so genau zu kennen, oder sprach er aus eigener Erfahrung? In der Literatur findet sich eine weitere, allerdings eher unwahrscheinliche Version. Monsieur, der inzwischen im 34. Lebensjahr stand, hatte nicht den Wunsch, sich zum zweiten Mal zu verheiraten. Das Angebot, seine Cousine, die Grande Mademoiselle, zur Frau zu nehmen, hatte nach dieser Version er – nicht sie – abgelehnt. Erst als die Möglichkeit einer Rückkehr des Chevalier de Lorraine als Lockvogel wie eine Fata morgana vor ihm auftauchte (der König soll ihm diese als Belohnung für seine Zustimmung zugesagt haben), gab Monsieur seinen Widerstand auf. Ob er es allerdings gewagt hätte, seinem Bruder in einer so wichtigen Frage zu widerstreben, erscheint fraglich. Manchmal waren eben auch Männer ein Opfer der Politik. Einer dieser Gründe – oder auch alle zusammen – könnten den König veranlaßt haben, den Chevalier de Lorraine gerade zu diesem

Zeitpunkt wieder in seine Rechte einzusetzen. *„Es war das einzige Mal, daß Ludwig seiner Schwägerin gegenüber nicht als Ehrenmann handelte,"* schrieb Arvède Barine.

Liselottes Zeitgenossen sahen dies allerdings anders. Elisabeth Charlotte hatte sich – angeblich unbewußt – in ihren königlichen Schwager verliebt. Diese Klatschgeschichte wird immer wieder aufgetischt. Sie entstand durch Madames Tante von Tarent, mit der sie in Briefwechsel stand. Frau von Sévigné, die eine Nachbarin dieser Tante war, berichtete ihrer Tochter diese „Neuigkeit" jedoch erst im Juli 1680, also viele Jahre später. Die Geschichte stammt folglich aus zweiter Hand und mutet an wie ein Klischee aus einem billigen Roman. Aschenbrödel verliebt sich unbewußt in den schönen, blonden Königssohn. Erlanger schrieb:

„Liselotte, die sich unbewußt in ihren Schwager verliebt hatte, verschaffte seiner großen Freundin Montespan gern Nebenbuhlerinnen." [32]

So einfach kann man Elisabeth Charlotte nicht beurteilen. Diese junge Frau hatte noch Ideale, die sie sich bis ins hohe Alter erhielt. In dem sehr gut geschriebenen Vorwort zu seinem Buch "A Woman's Life in the Court of the Sun King" schrieb Elborg Forster über die Beziehung Elisabeth Charlottes zu Ludwig XIV.:

„Zwischen 1694 und 1702 wurden in Frankreich 20 Märchenbücher veröffentlicht, die meisten davon von Frauen geschrieben. Madame war eine eifrige Leserin dieser Bücher, und von ihrer Erziehung und ihrer Einstellung her erfreute sie sich an diesen Märchen. Oft halfen ihr die Figuren, in ihren Briefen die Menschen zu beschreiben, mit denen sie lebte … . Die Vertrautheit mit Märchen mögen Elisabeth Charlottes Leben und ihre Einstellung in noch höherem Maße geformt haben. Bruno Bettelheim zeigt in "The Uses of Enchantment", daß die Welt der Märchen eine geordnete Welt ist, in der das Gute immer über das Böse siegt, und König oder Königin zu werden, die höchste Belohnung für Tugend bedeutet. Königtum erlangt dadurch eine magische Aura, und obwohl Madame um die persönlichen Fehler und die Flecken auf der Krone so manchen gekrönten Hauptes, das sie in ihrem Leben kennengelernt hatte, wußte, und trotz der Erkenntnis, daß ‚eine Krone, auch wenn sie glänzt, oft eine schwere Bürde ist, die ihrem Träger Kopfschmerzen verursacht,' verblaßt dieser Zauber in ihrer Phantasie niemals … Zudem steht der König in der Märchenwelt für absolute Macht, und Elisabeth Charlotte sah Ludwigs XIV. Macht, mindestens zeitweise, in magischem Sinne … und diese komplexe Mischung aus mystischem

Glauben an den Zauber des Königtums und die Ergebenheit für den Prinzen, der mit Recht den höchsten Rang in der gottgewollten Hierarchie innehatte, erklärt Madames unverbrüchliche Zuneigung zu Ludwig XIV., dessen Schwächen und Fehler im wirklichen Leben sie nur zu gut kannte. Oberflächlicher Klatsch über ein sentimentales Attachement werden ihren Gefühlen für ihn nicht gerecht." [33]

Elisabeth Charlotte idealisierte nicht nur Ludwig XIV., sondern auch ihre Tante Sophie. Sie war ihr Vorbild, dem sie nachzueifern suchte. In ihren Gefühlen rangierte die Tante noch vor dem König. Am 29. Dezember 1701 schreibt sie an Sophie:

Sophie von Hannover, Tante Liselottes

„... Euer Liebden haben schönheiten, so nie vergehen, nämlich dero großen verstand und vivacité, dero générosité und güte, dero beständigkeit vor diejenigen, so sie einmal gnädig gewesen; auch macht dieses, daß man sich dermaßen an Euer Liebden attachiert. daß man Euer Liebden bis an sein end ganz leibeigen ergeben bleibt." [34]

Weder ihre Tante von Tarent, die ein ausgedehntes Liebesleben geführt haben soll, noch deren französische Nachbarin hatten für solche feinen Unterschiede Verständnis.

Ob ihre Tante Sophie die Anbetung ihrer Nichte gewürdigt hat? Wenn man in einem ihrer Briefe an die Raugräfin Louise lesen kann *„Madame schreibt zwar ser lange brif, aber es pflegt nicht viel wichtiges tharin zu stehen ..."*,[35] und wenn sie wirklich meinte, was sie da schrieb, muß man das bezweifeln.

Zehn glückliche Jahre? Liselottes Briefe, die aus diesem Zeitraum stammen, verraten zwar wenig von den Schwierigkeiten, denen sie von vornherein gegenüberstand. Darüber erfährt der Leser erst im Laufe der folgenden Jahre Näheres. Aber das Scheitern ihrer Ehe oder, besser gesagt, das Fehlen jeglicher Gemeinsamkeiten zwischen den Eheleuten, um eine einigermaßen funktionierende Ehe aufzubauen, und die Schikanen der Clique um den Chevalier de Lorraine, die 1682 einen Höhepunkt erreicht hatten, sprechen gegen ein solches Glück.

Was konnte man von einer jungen Frau erwarten, deren Gatte ihr nach kurzer Ehe und drei Schwangerschaften den Stuhl – oder vielmehr das Bett – vor die Tür stellte? Sollte sie klagen und ihn bitten, wieder bei ihr zu schlafen? Dazu war sie viel zu stolz, das klingt deutlich aus ihren Worten. Erst am 21. Januar 1703 äußerte sie sich in anderem Zusammenhang über die Gründe, die sie veranlaßt hatten, dieser räumlichen Trennung zuzustimmen. In der Literatur wird häufig nur der interessantere Grund zitiert. Die Redewendung *„und der handel gefiel mir nicht genung, um Monsieur seel. zu bitten, wieder in mein bett zu kommen"*, bezieht sich aber ebenso auf die weiteren, sehr verständlichen Gründe, die sie angibt.

„Wenn Ihro Liebden in meinem bett schliefen, mußte ich so auf dem bord liegen, daß ich etlichmal im schlaf aus dem bett gefallen bin, denn Ihro Liebden konnten nicht leiden, daß man ihn anrührte, und wenns mir ungefähr im schlaf geschah, daß ich einen fuß ausstreckte, und ihn anrührte, so machte er mich wacker und filzte mich eine halbe stund; ich war also herzlich froh, wie Ihro Liebden von sich selber die parthei nahmen, in dero kammer zu schlafen und mich

ruhig in meinem bett liegen zu lassen, ohne furcht, nachts gefilzt zu werden oder aus dem bett zu fallen." [36]

Daß sie mit ihrer Zustimmung zu dieser räumlichen Trennung leider auch Monsieurs Favoriten den Weg ebnete, scheint ihr nicht bewußt geworden zu sein.

Es ist anrührend zu lesen, wie sie auf Monsieurs ablehnende Haltung reagierte. Sie bat ihren Gemahl, sie nicht zu hassen und sie trotzdem noch ein wenig gern zu haben. In ihren Briefen kam sie später mehrmals auf dieses Thema zurück, ein Zeichen dafür, daß sie immer wieder darüber nachdachte. Daß ihr „der handel nicht genung gefiel", ist nach allem verständlich. Ihr deswegen Gefühlskälte als Erbteil ihrer Mutter vorzuhalten, zeugt von wenig Einfühlungsvermögen. Monsieur, der keine Frau lieben konnte, war sicherlich nicht der geeignete Partner, um in seiner jungen unerfahrenen Frau leidenschaftliche Gefühle zu wecken, ganz abgesehen von der Sicherheit einer intakten Familie, die er ihr nie geboten hat. Am 14. März 1720, also viele Jahre später, schrieb sie:

„Wenn man sich nicht hertzlich lieb hatt, ist es eine verdrießliche sache, zwei in einem bett zu sein."

IV.

Wie konnte es nun zu der allgemeinen Ansicht kommen, die ersten zehn Jahre, die Elisabeth Charlotte am französischen Hof verbrachte, seien glückliche Jahre gewesen?

In den ersten acht Jahren, also bis zum Jahr 1680, dem Todesjahr ihres Vaters, sind in Liselottes Briefen an ihre Tante in Hannover begeisterte Beschreibungen vom Leben am französischen Hof zu finden, z.B. am 11. Januar 1678:

„... daß Euer Liebden und oncle über mich lachen, daß ich jetzt so gut katholisch bin und soviel vom sacrament des ehestandes halte, so schlägt mir aber solch sacrament wohl genung zu, um zu wünschen, daß es ewig wehren und man kein mittel finden möge zur scheidung, denn wer mich von Monsieur scheiden wollte, täte mir keinen gefallen ..." [37]

Zehn Monate später klingt es allerdings schon anders:

„Ich bin ganz stolz, daß Euer Liebden mich hübscher finden als mein contrefait ... Allein es ist jetzt sieben jahr, daß Euer Liebden mich nicht gesehen haben, und wenn mich Euer Liebden jetzt sehen sollten, würden sie vielleicht ganz contrari judizieren. Die jagden aber machen mich nicht so alt und häßlich als die kabale, welche mir seit

die sieben jahr her so viele runzeln hat ziehen machen, daß ich das gesicht ganz voll davon habe ..." [38]

Als sie dies schrieb, war Liselotte 26 Jahre alt, also eine junge Frau! Erst am 2. Mai 1697 erklärte sie die Gründe, die sie veranlaßt hatten, acht Jahre lang ein positives Bild von ihrem Leben am französischen Hof zu zeichnen und ihren Verwandten die Schwierigkeiten zu verschweigen, denen sie von vornherein gegenübergestanden hatte. Dieser Brief verdient es, ausführlich zitiert zu werden.

„Euer Liebden beklage ich wohl von herzen, daß sie kein besser zeitvertreib haben, als meine alten briefe zu überlesen. Solang papa selig gelebet, werden Euer Liebden alle meine briefe voll contentement von Monsieur sehen, denn ich wollte nicht, daß Ihro Gnaden erfahren möchten, wie es recht hier war, wollte es also in keinen brief setzen . ... Ich habe Ihro Gnaden dem Kurfürsten selig alles verhelt, weilen man mir gesagt hat, daß, nachdem ich weggezogen, hätten Ihro Gnaden sich dermaßen zu herzen genommen, daß ich so wider meinen willen und aus purem gehorsam wäre herkommen, ob ich gleich persuadiert, daß ich nicht glücklich hier sein würde, daß es Ihro Gnaden ganz geängstigt hätte und traurig gemacht. Drum habe ich alles verhelt so lange mir möglich gewesen." [39]

Sie hatte sich also gescheut, mit ihren deutschen Verwandten über ihre Schwierigkeiten zu sprechen, um ihren Vater zu schonen. Erste vorsichtige Andeutungen finden sich in ihrem Brief vom 1. Januar 1682 an ihren Halbbruder Carllutz. Stammt daher die hübsche Geschichte, Carllutz habe sich mit dem Chevalier de Lorraine schlagen wollen? Als ihr dies zu Ohren kam, lachte sie nur und meinte, sie wolle *„keine schlagerei"* anfangen.

„Er liebt mich nicht, er hat mich nie geliebt, auch nicht, als ich selbst ihm noch die größte Zuneigung entgegenbrachte!"

Am 12. September 1682 klagte Elisabeth Charlotte über *„die verfluchten rittersgeister,"* die ihr das Leben mit Monsieur zur Hölle machten.

Zu jener Zeit hatten Lorraine und seine Clique das Gerücht ausgestreut, Madame habe eine Affäre mit einem Offizier, und ihre Hofdame Théobon vermittle Nachrichten zwischen ihr und ihrem Liebhaber. Monsieur hatte sie, die Hofdame,

„weggejagt auf einen stutz, mit befehl, daß sie ihr leben keinen commerce mehr mit mir haben sollte ..." [40]

Madame war über diese Lügen und Monsieurs ungerechte Behandlung dermaßen gekränkt, daß sie ins Kloster gehen wollte. In

ihrer Verzweiflung wandte sie sich an ihren Schwager und bat ihn um Zustimmung zu ihrem Entschluß.
Ludwig versuchte zunächst, sie zu beruhigen und ihr gut zuzureden. Aber Elisabeth Charlotte bat erneut um seine Erlaubnis, sich nach Maubouisson zurückziehen zu dürfen.
Der König ließ ihr einige Tage Zeit und kam dann auf das Thema zurück. *"Eh bien, Madame, dans quel sentiment êtes-vous présentement?"* Als er erkannte, daß sie ihre Meinung nicht geändert hatte, wurde er deutlich. Ohne Rücksicht darauf, daß er das Dilemma durch die Wiedereinsetzung des Lorraine ins Palais Royal selbst heraufbeschworen hatte, schlug er ihr die Bitte rundweg ab. Im eigenen Interesse. Und mit vielen schönen Worten, die Ludwig so leicht fielen, aber auch unter Drohungen, *"je n'y consentirai point et m'y opposerai hautement et de force,"* [41] wurde Elisabeth Charlotte diesem Interesse geopfert. Über diese Affäre schrieb van der Cruysse unter anderem:
„Hätte Madame so tun können, als merkte sie von diesen Schikanen nichts, dann wäre diese Kampagne vielleicht ganz von selber im Sande verlaufen." [42]
Das mag zutreffen oder auch nicht. Aber darum handelte es sich gar nicht.

Was Elisabeth Charlotte so kränkte, war das Mißtrauen ihres Mannes. Monsieur hat ihre eheliche Treue, die er eigentlich gar nicht erwarten konnte, nie gewürdigt. Aus der Unterredung, die Elisabeth Charlotte mit dem König hatte und die in ihrem Brief vom 19. September 1682 ausführlich zitiert ist, geht deutlich hervor, daß gerade Monsieurs Verdächtigungen, die sie nicht verdient hatte, der Auslöser für ihren Entschluß gewesen war.
„Zweifelsohne muß die Frau Monsieurs, wie die Cäsars, über jeden Zweifel erhaben sein ...," [43]
meint van der Cruysse. Aber das galt wohl nur für die zweite Madame. Über Henriette von England scheint man solche Überlegungen nicht angestellt zu haben.
Der Chevalier de Lorraine ließ sich durch d'Effiat und Madame de Grancey bei Elisabeth Charlotte entschuldigen und spielte den Zerknirschten. Als der König ihn allerdings von der Jagd ausschloß, weil seine Teilnahme Madame beleidige, ging der Tanz von neuem los.
Diesmal war es Monsieur, der das Feuer schürte. Er lief – ausgerechnet – zur Maintenon (bei dieser Gelegenheit erwähnte Elisabeth Charlotte diesen Namen erstmals in einem ihrer Briefe), um sich über

Porträt von Madame, Elisabeth Charlotte

seinen Bruder zu beschweren. Der König hätte *„weder amitié noch considération für ihn, indem er die leute übel tractierte, die er lieb hätte"*, und alles sei die Schuld von Madame.

Ihre Überreaktion gestattet einen Einblick in ihre psychische Verfassung. Sie fühlte sich in ihrer Ehre gekränkt, weil ihre eheliche Treue eben gerade nicht der ihr angedichteten Frigidität entsprang. Sie war eine junge, gesunde Frau, und Monsieur hatte sie seit Jahren zum Leben einer Witwe verdammt (das Äquivalent zu den vielen

Porträt von Monsieur, Philippe von Orléans

Schwangerschaften, die er seiner ersten Frau aus Ärger über ihre Koketterie aufgezwungen hatte). Ihre „irréprochable conduite", die ihr sicher nicht immer leicht gefallen ist, obwohl sie niemals darüber sprach, hätte eigentlich respektiert werden sollen. Anstatt dessen gestattete Monsieur diesem Sodomiten und seinem Anhang, ihre Ehre in den Schmutz zu zerren und sie mit einem Mann in Verbindung zu bringen, der weit unter ihr stand und den sie kaum kannte.

Die Affäre zog sich über fünfzehn Monate hin und zerrte an ihren Nerven. Lange Zeit hatte sie diesen dummen Klatsch ignoriert. Zu allem Überfluß goß ihr Schwager selbst Öl ins Feuer, als er ihr erzählte, sein Bruder habe ihn gebeten, ihr auf der Jagd, *„einen Affront zu tun"*, im Klartext, Madame in eine zwielichtige Situation zu bringen. Er lehnte dieses Ansinnen zwar ab; er hätte aber besser geschwiegen.

Für die meisten Beobachter war diese Affäre nichts als ein Sturm im Wasserglas.

Für Elisabeth Charlotte war es die letzte Hoffnung, Monsieur von ihrer Aufrichtigkeit zu überzeugen, ihn womöglich für die Hinterlist und den Eigennutz seines Favoriten und dessen Anhang zu sensibilisieren und ihm die Möglichkeit zu verschaffen, sich von ihm zurückzuziehen, ohne das Gesicht zu verlieren.

"… Et au moins quand je serai là (in Maubouisson), *Monsieur verra, que je ne le quitte pas pour me divertir ailleurs …"* [44]
sagte sie zu ihrem Schwager.
Ihre Hoffnung war vergeblich.

V.

Mit dem Tod der Königin im Sommer 1683 begann am Hofe Ludwigs XIV. eine neue Ära.

Der König war nun Witwer. Er war 45 Jahre alt und für seine Zeit kein junger Mann mehr. So mancher Höfling mag sich den Kopf darüber zerbrochen haben, ob der König wieder heiraten und welche Prinzessin er wohl erwählen würde. Aber es kam alles ganz anders. Vor den Augen der erstaunten Höflinge entwickelte sich ein Schauspiel, das kein Mensch für möglich gehalten hätte. Ihr Herr und Meister verbrachte mehr und mehr Zeit mit der Witwe Scarron, besuchte sie in ihren Gemächern wie zuvor seine Mätressen und erwies ihr alle Aufmerksamkeit einer in seiner Gunst stehenden Person. Madame de Montespan verlor je länger je mehr an Boden. Sie spielte zwar noch für einige Zeit des Königs Mätresse, war aber keineswegs mehr die Favoritin.

Was bedeutete diese Frau Scarron für den König? Das große Rätselraten begann, und die Gerüchte und Spekulationen schossen wie Pilze aus dem Boden. War sie seine Sekretärin oder Beraterin, oder war sie einfach eine Person, die zeitweilig in Ludwigs Gnaden stand?

Ludwig XIV., Gemälde von Hyacinth Rigaud

Eine Zeitlang geschah nichts. Aber Ende 1683 sickerte eine Nachricht durch, ein unglaubliches Gerücht, das, immer wieder dementiert und bestätigt, die Höflinge in Atem hielt. Der König hatte diese Frau, die er zuvor zur Marquise erhoben hatte, insgeheim geheiratet.

Der Abbé de Choisy erzählt in seinen Memoiren:
„*Nach dem Tod seiner letzten Maitresse, Madame de Fontanges, beschloß der König, seiner Gesundheit zu leben. Als die Königin*

*starb, wollte er aus Liebe zu seinem Volk nicht wieder heiraten; er hatte drei Enkel und fürchtete, die unebenbürtigen Kinder könnten im Laufe der Zeit einen Interessenkrieg heraufbeschwören; andererseits wollte er nicht allein leben. Madame de Maintenon, die Erzieherin des Herzogs von Maine, gefiel ihm; ihre sanfte, ausgeglichene Persönlichkeit versprach eine angenehme Gesellschaft, die ihn von seinen Regierungsgeschäften ablenken würde; sie war liebenswürdig, hatte lebhafte Augen und war in einem Alter, in dem keine Kinder mehr zu erwarten waren. Er hatte sich an sie gewöhnt, denn anfangs konnte er sie nicht ausstehen. Dem Plan, sie zur Erzieherin des Herzogs von Maine zu machen, hatte er trotz der Bitten und zum Ärger Madame de Montspans, die deren Art und ihre Fähigkeiten kannte, nicht zugestimmt, und, wenn das Kind zum König geführt wurde, war sie klug genug gewesen, sich zurückzuziehen. Dies kam ihr zugute und auf die Abneigung folgte eine heftige Leidenschaft: Er entschloß sich, sie insgeheim zu heiraten, diese Ehe jedoch nie öffentlich zu deklarieren. Eines Tages zog er Monsieur Louvois ins Vertrauen und bat ihn um Rat in einer Sache, die noch nicht beschlossen sei. Louvois hatte nicht die leiseste Ahnung gehabt ... „Ah, Sire," rief er aus, „meinen Euer Majestät, was sie mir sagen? Der größte und ruhmreichste König der Welt heiratet die Witwe Scarron? Wollen Sie sich entehren?" Er warf sich dem König zu Füßen. „Verzeihen Sie mir, Sire," sagte er, „die Freiheit, die ich mir nehme; werfen Sie mich ins Gefängnis, dann würde ich eine solche Infamie nicht sehen." Der König erwiderte: „Stehen Sie auf, sind Sie verrückt?" Er erhob sich, ohne zu wissen, ob seine Worte Erfolg, hatten. Aber am nächsten Tag erkannte er an der ... kühlen Art der Maintenon, daß der König die Schwäche gehabt hatte, ihr alles zu erzählen; und er bemerkte, daß sie zu seiner tödlichen Feindin geworden war.
Es ist sicher, daß die heimliche Heirat eine Zeit danach stattfand."* [45]

Michael Strich schrieb zum gleichen Thema:
„Schon um die Jahreswende 1683/84 wurde in der Schloßkapelle zu Versailles König Ludwigs Trauung mit Frau von Maintenon vollzogen." [46]

Dieses Datum steht jedoch nicht fest. Louis Hastier setzte die heimliche Heirat kürzlich sogar auf das Jahr 1697 an. Philippe Erlanger bezweifelt dies allerdings.

Es gibt kein Dokument oder sonst eine schriftliche Aufzeichnung, aus der ersichtlich wäre, ob diese Trauung tatsächlich stattfand oder ob es sich nur um ein bewußt ausgestreutes Gerücht handelte. Für eine kirchliche Trauung hätte man Zeugen gebraucht, und in der Tat

Madame de Maintenon

werden verschiedene Namen genannt: Louvois, der sich ihr strikt widersetzte, Montchevreuil, Fénélon, de Forbin. Sollte niemals auch nur ein verbindliches Wort eines dieser Zeugen an die Öffentlichkeit gedrungen sein?
Dennoch behaupten sowohl die Zeitgenossen als auch die Historiker, es sei eine Tatsache. Madame de Saint-Réné Taillandier schrieb in ihrer Biographie „Madame de Maintenon":
„Die Tatsache jedoch, daß die Heirat vollzogen wurde, steht fest. Sie wird aber nur in dem postumen Briefwechsel bestätigt: Briefe der Gewissensräte, des Königs und Madame de Maintenons ... In welchem Jahr, in welchem Monat oder in welchem Augenblick sich der König entschloß, sich wie ein Privatmann zu verheiraten ... kein Papier verrät es uns ... Voltaire, der gut informiert war, glaubt, es geschah zwei Jahre nach dem Tod der Königin ... Mme. Caylus ... wußte es gleichfalls nicht. Mme. de Sévigné ... spricht in ihren Briefen an ihre Tochter in zwölf Jahren nicht ein einziges Mal über diese fiktive (fabuleux) Heirat."[47]
Michael Strich seinerseits zieht aus dem frühen Datum 1683/84 folgende Schlüsse:
Man schrieb den 11. Mai 1685, als er (der König) zu einem entscheidenden Streich ausholte ... Ein Gebot der Klugheit war es für ihn gewesen, Frau von Maintenon mit keinem Wort in der Anklage zu erwähnen. Würde Liselotte erraten, daß in Wirklichkeit nur die

Rücksichtnahme auf diese ihn zu einem so schroffen Vorgehen veranlaßt hatte? Würde sie die Lehre daraus ziehen, fortan eine Frau unbehelligt zu lassen, von der die Marquise de Sévigné finden wollte, ihre Stellung sei einzig in der Welt?" [48]

Abgesehen davon, daß solche Rätsel auch für eine weniger von Intrigen und Halbwahrheiten umgebene Frau, wie Liselotte es war, schwer zu lösen gewesen wären, ist nicht ersichtlich, was der Autor damit sagen möchte. Es war durchaus kein Gebot der Klugheit, die Maintenon nicht zu erwähnen. Es gab nichts zu erwähnen, denn bis zu diesem Zeitpunkt hatte Elisabeth Charlotte die Maintenon in ihren Briefen nicht „behelligt", ja, sie hatte sie kaum einmal erwähnt. Michael Strich versucht dann, den „erschröcklichen filz", wie Liselotte die Rüge des Königs in ihrem Brief vom 11. Mai 1685 an ihre Tante Sophie bezeichnete, als einen Willkürakt zu erklären. Er hatte wohl nicht erkannt, daß damit eine Taktik eingeleitet werden sollte, bei der es um wichtigere Ziele ging als bei den Niederträchtigkeiten eines Lorraine und d'Effiat.
In seinem Buch „Ludwig XIV." schreibt Philippe Erlanger:
„Zuerst vorsichtig und ängstlich, gewann Françoise allmählich an Boden. Wie eine böse Fee zog sie ihre Netze. Sie verunreinigte den König mit Louvois, sie säte Zwist zwischen ihm und Liselotte von der Pfalz ..." [49]
Bereits als 2. Dame d'atours der Dauphine Anne Marie von Bayern hatte die Maintenon versucht, die Neunzehnjährige zu gängeln und ihre Freundschaft mit Elisabeth Charlotte zu hintertreiben. Jetzt, am 11. Mai 1685, fiel Liselotte aus allen Wolken, als ihr Beichtvater ihr vier Punkte vortrug, die der König an ihrem Verhalten tadelnswert fand.

Bei näherer Betrachtung erweisen sich diese Punkte tatsächlich als irrelevant und an den Haaren herbeigezogen.

Der erste Punkt: Sie spräche zu frei mit dem Dauphin und „verdürbe" ihn dadurch.

„Hätte er nicht jedes Augenmaß verloren," schreibt van der Cruysse in seinem Buch *„Madame sein ist ein ellendes Handwerck"*, dann hätte der König in den schockierenden Worten Elisabeth Charlottes an den Dauphin ein Zitat von Molière erkannt.
„Ich könnte Sie, das darf ich ruhig eingestehen – hier splitternackend vor mir sehen und würde nicht von Lüsten übermannt," [50]
läßt der Dichter Doline zu Tartuffe sagen.
Madame, die es liebte, in ihre Briefen Zitate aus Theaterstücken

einzufügen, war auf diesem Gebiet sehr versiert. Ob die Maintenon den „Tartuffe" überhaupt kannte? Molière schrieb ihn bereits 1664 mit Genehmigung oder sogar auf Wunsch des Königs. Das Stück wurde im gleichen Jahr aufgeführt, dann aber verboten. Vielleicht waren diese Zeilen für die Maintenon das, was sie fälschlich für Jakob Wille waren. In seinem Büchlein „Elisabeth Charlotte, Herzogin von Orléans" schreibt er:

„Mußte doch der Dauphin über ihren mit Vorliebe von der Straße entnommenen Unterhaltungsstoff Klage führen." [51]

Die zweite Beschuldigung klingt merkwürdig.

„ … daß ich mich nicht um meine jungfern kümmern würde, und zwei von ihnen männern schaden zugefügt hätten."

Hatte der König vergessen, daß es eine Zeit gab, in der er selber zu den galants von Madames Ehrenjungfern gehörte und von St. Germain ins Palais Royal ritt, um Angelique de Fontanges zu beglücken?

Die beiden letzten Punkte sind so lächerlich, daß man darauf nicht einzugehen braucht. Die Geschichte mit Liselottes Stieftochter lag sechs Jahre zurück, und daß sie sich angeblich über die Liebhaber der Prinzessin Conti lustig gemacht hatte, wäre wirklich kein Vergehen gewesen. Das tat sogar der König selbst.

Die angedrohte Exilierung war reiner Theaterdonner. Selbst wenn er es gewollt hätte, hätte Ludwig seine Schwägerin nicht davonjagen können. Monsieur war noch am Leben, und auf ihn hätte er in diesem Fall Rücksicht nehmen müssen. Die Dauphine, die seit 1680 die erste Dame am Hof war, war trotz mehrmaliger Aufforderung des Königs ihren Repräsentationspflichten seit geraumer Zeit nicht mehr nachgekommen. Sie entschuldigte sich mit Krankheit und fiel in Ungnade. Nach anderen Quellen soll sie eines Tages versucht haben, sich über Staatssachen zu informieren. Sei dem wie ihm wolle, obwohl sie vielleicht tatsächlich leidend war, überließ man sie sich selbst und ihren, wie man meinte, eingebildeten Krankheiten. An ihrer Stelle mußte Madame die Repräsentationspflichten übernehmen, eine Tatsache, die den Ärger und die Mißgunst der Maintenon schürte und den Versuch, die verhaßte Deutsche vom Hof zu entfernen, verständlich macht. Selbst wenn Ludwig XIV. sich über diese internen Verhältnisse hinweggesetzt hätte, so konnte er sich andererseits einen solchen Affront nicht leisten. Das Echo wäre aus halb Europa zurückgehalten, da Madame mit den meisten eurpäischen Höfen verwandt war.

Aus alle dem läßt sich schließen, daß der Anstoß zu der schroffen Behandlung Madames von der frommen Helene oder, wie Erlanger sie nannte, der „Heiligen Françoise" ausging. Es war der erste Pfeil, den sie aus der erlangten sicheren Stellung auf ihre ahnungslose Gegnerin abschoß, oder, genauer gesagt, abschießen ließ. Elisabeth Charlotte sah sich von vornherein in die Defensive gedrängt. Leider richtete sie ein Rechtfertigungsschreiben an Ludwig den XIV. und verlieh damit dieser Affäre unnötiges Gewicht.

Zu spät bemerkte Madame, welchen Einfluß die Maintenon inzwischen auf den König gewonnen hatte. Nicht etwa, weil sie die Ereignisse bei Hof nicht aufmerksam beobachtete, sondern, weil ihr der Gedanke, der König könnte die Erzieherin seiner unehelichen Kinder geheiratet haben, niemals in den Sinn gekommen wäre. Sie erkannte zwar, daß der Wind sich gedreht hatte, konnte aber offenbar nicht feststellen, aus welcher Richtung er blies. Nicht ganz ohne Häme schreibt François Bluche:

„... dessen Schwägerin Liselotte von der Pfalz brauchte hingegen eine Zeitspanne von zwanzig Jahren, um herauszubringen, daß er (der König) in aller Heimlichkeit wieder geheiratet hatte."

Und später noch einmal:

„Ihre Briefe dürfen jedoch keineswegs für bare Münze genommen werden: bald bezichtigt sie den ganzen Hof der übertriebenen Frömmelei, bald schildert sie ihn als eine regelrechte Lasterhöhle,"

was kein Widerspruch sein muß, und fährt dann fort:

„Außerdem brauchte sie volle zwanzig Jahre, um herauszubekommen, daß Ludwig XIV. heimlich wieder geheiratet hatte – eine Tatsache, die, nachdem man fünf bis sechs Jahre an ihr herumgerätselt hatte – ein offenes Geheimnis war." [52]

Dieser Autor zeichnet überhaupt ein primitives Bild von Elisabeth Charlotte.

All dies bedeutete jedoch nicht, daß sie völlig ahnungslos war. Am 1. November 1685 schrieb sie:

„Der König ändert in allem so erschrecklich, daß ich ihn nicht mehr kenne; ich sehe aber wol, wo alles herkommt, allein es ist kein mittel davor, muß also nur geduld haben." [53]

Sie spricht hier noch von der Clique um Lorraine, die immer dann hofiert wurde, wenn der König bei seinem Bruder etwas durchsetzen wollte. Dieses perfide Spiel ging jeweils auf Kosten Madames, Kosten oft finanzieller, meist jedoch psychischer Art. Erst in ihrem Brief vom 26. Juni 1686, also mehr als ein Jahr nach der Rüge des Königs, taucht eine Bemerkung über die Maintenon in Form eines Sprichworts auf, ohne daß deren Name genannt wird.

Fünf Wochen später schrieb sie:

„Es ist gewiß, daß er (der König) gar keine raillerie mehr leiden mag und ist so ernstlich geworden, daß einem ganz angst dabei ist. Auf die person hat man seit kurzer zeit devisen gemacht, aber ... wenn man sie glauben sollte, ist sie allein alles werth."
(2. August 1686)[54]

Am 11. August 1686 wurde sie deutlicher:

„Das alte weib, die Maintenon, hat ihren spaß, alles was vom königlichen haus ist, dem König gehäßt zu machen und darüber zu regieren, außer Monsieur, den flattiert sie beim König und macht, daß er wohl mit ihm lebt ... Unterdessen aber muß ich sowohl durch des weibs unverdienten haß bei dem König, als auch meiner alten feinde haß bei Monsieur leiden," [55]

stellt sie resigniert fest.

Diese Zusammenhänge sind selten so dargestellt worden, wie sie sich abgespielt haben.

Um Madames Briefe aus der Zeit zwischen 1682 und August 1686 ist ein Verwirrspiel entstanden, das schwer aufzulösen ist. Immer wieder wird angedeutet, Madame habe die Maintenon in diesen Briefen beschimpft und sich damit den Zorn ihres Schwagers zugezogen, obwohl – oder gerade weil – deren Name in den vier Punkten seiner Rüge vom Mai 1685 nicht erwähnt wurde.

Das muß auf einem Irrtum beruhen, der immer wiederholt wurde. In den Briefen, die Elisabeth Charlotte zwischen 1682 und dem 11. August 1686 an ihre Verwandten in Deutschland schrieb, wird die Maintenon nachweislich (mit einer einzigen Ausnahme) nicht abfällig erwähnt. Sie können nicht der Anlaß für die Rüge des Königs und auch nicht für die dreißig Jahre währende feindliche Haltung der Maintenon Madame gegenüber gewesen sein.

Lange vor dem 11. Mai 1685 hatte die Maintenon die viele Jahre Jüngere mit wachsendem Argwohn beobachtet. Schon die Freundschaft Madame's mit der jungen Dauphine Anna Maria von Bayern war ihr ein Dorn im Auge gewesen. Der Versuch der Maintenon, die 1. Dauphine zu beherrschen, scheiterte. Der angebliche Verrat der Dauphine, mit dem die Maintenon Elisabeth Charlotte viele Jahre später einzuschüchtern versuchte, hing vermutlich ebenfalls damit zusammen. Wenn es dazu noch eines Beweises bedürfte, braucht man sich nur das Leben der 2. Dauphine, der Herzogin von Burgund, vor Augen zu halten, die völlig unter den Einfluß der Maintenon geriet. Elisabeth Charlotte hatte nur zu klar erkannt, daß sie von 1686 an zwischen zwei Feuern stand.

Madame de Maintenon

VI.

Diese Frau hatte sich, bevor sie zur Gefährtin des Königs avancierte, ihr Leben lang in einer schiefen Lage befunden. Sie war im Gefängnis geboren worden. Ihr Vater war ein Abenteurer, ihre Mutter die Tochter des Gefängnisleiters, in dem er zu jener Zeit einsaß. Als er freigelassen wurde, wanderte er mit seiner Familie nach Amerika aus. Dort hielt es ihn allerdings nicht lange. Er kehrte mit seiner Familie nach Frankreich zurück, und einige Zeit später ließ sich der Vater auf ein neues Abenteuer ein. Man machte sich wiederum auf den Weg, diesmal in östlicher Richtung nach der Türkei. Auf der abenteuerlichen Reise verstarb der Vater, und die Mutter kehrte mit den Kindern nach Frankreich zurück. Françoise kam zu einer entfernten Verwandten als Hilfe auf deren Hof, wo sie niedrige Arbeiten zu verrichten hatte. Später nahm diese Verwandte das Mädchen mit nach Paris. Hier befreundete sich Françoise mit einer Lebedame. Wie das junge Mädchen zu einer solchen Freundschaft kam, ist offenbar nicht bekannt geworden. Auf Befragen berichtete Ninon de l'Enclos später:

„... und ich habe sie zu der Zeit viel zu ungeschickt für die Liebe gefunden. Was die Einzelheiten betrifft, so weiß ich nichts, ich habe nichts gesehen, aber ich habe ihr und Villarceaux oft mein gelbes Zimmer zur Verfügung gestellt." [56]

Ninon war eine sehr vorsichtige Dame. Sie hatte nichts gesehen. Natürlich nicht, und wenn, hätte sie sicherlich geschwiegen. Dennoch öffnet eine solche Freundschaft Spekulationen Tür und Tor.

Obwohl Françoise d'Aubigné kein Vermögen besaß, fand sich ein Heiratskandidat. Der Burleskendichter Paul Scarron, mehr als doppelt so alt, am ganzen Körper gelähmt* und ebenso mittellos wie sie. Auf diese Weise geriet sie von einer Misere in die andere. Später schrieb sie, sie habe diese Ehe dem Kloster vorgezogen. Sie währte nur wenige Jahre. Dann blieb sie, wiederum mittellos, als Witwe zurück.

Eine Zeitlang lebte sie sehr dürftig und zurückgezogen, lernte dann aber bei einer befreundeten Familie Madame de Montespan kennen, die eine Erzieherin für ihre und Ludwigs XIV. unehelichen Kinder

---

*In den Memoiren Ninon de l'Enclos' wird behauptet, Scarron wollte Ninon entführen. Der Plan mißlang, und Scarron konnte sich nur durch einen Sprung in die eiskalte Sarthe vor seinen Verfolgern retten. Er erkrankte und blieb am ganzen Körper gelähmt.

Madame de Maintenon mit ihrer Nichte

suchte. Ihre Wahl fiel auf Madame Scarron. Der König wollte dem zunächst nicht zustimmen, ließ sich aber schließlich von seiner Mätresse überzeugen, daß Frau Scarron die rechte Erzieherin für die Kinder sei.

Madame de Montespan hatte Frau Scarron diese Position zu einer Zeit verschafft, zu der ihre eigene Stellung am Hof des Königs bereits ins Wanken geraten war. Obwohl Frau Scarron der Montespan für die Hilfe hätte dankbar sein müssen, benutzte sie die sinkende Gunst ihrer Wohltäterin, diese dem König mehr und mehr zu entfremden. Zu spät bemerkte die Montespan, daß die Erzieherin ihrer Kinder begann, sie aus der Gunst des Königs zu verdrängen. Es gelang Frau Scarron, sich dermaßen in die Gunst des Königs einzuschmeicheln, daß er 1680 zustimmte, sie zur 2. dame d'atours bei der Gemahlin seines Sohnes, des Dauphins, zu ernennen, der eben geheiratet hatte. Hier schnupperte sie zum ersten Mal die Luft des königlichen Hofes. Zuvor hatte Ludwig ihr die Mittel zur Verfügung gestellt, das alte Schloß Maintenon zu erwerben und ausbauen zu lassen, und fortan durfte sich Frau Scarron mit dem Titel Marquise de Maintenon schmücken.

In einem Brief spricht die Marquise über ihr Verhältnis zur Montespan. Er ist wichtig, weil sich darin die Rabulistik dieser Frau zeigt, wenn sie versucht, trotz offensichtlich schlechten Gewissens, ihr Verhalten der Frau von Montespan gegenüber zu rechtfertigen.
„Madame de Montespan und ich waren die besten Freunde der Welt. Sie liebte meine Gesellschaft, und ich gab mich in der Einfalt meines Herzens dieser Freundschaft hin. Sie war entzückend und hoch begabt, ich genoß ihr Vertrauen, und sie erzählte mir alles. Dann standen wir plötzlich schlecht miteinander, wollten aber unsere Beziehungen nicht abbrechen. Es war gewiß nicht meine Schuld."

Weshalb „die besten Freunde der Welt" plötzlich schlecht miteinander standen, erfährt man nicht. Es ist aber erklärlich. Die Maintenon hatte sich in die Beziehung ihrer Freundin zum König eingemischt, was diese naturgemäß übel vermerkte. Denn wenn man sich in ein Liebesverhältnis einmischt, und sei dies auch – das soll einmal unterstellt werden – in bester Absicht, so zieht man sich den Zorn eines der beiden Betroffenen zu. Madame de Montespan erkannte, daß ihre Freundin ihr Vertrauen mißbrauchte, und in ihrem Brief gibt die Maintenon zu, ihre Freundin hätte mit vollem Recht sagen können:
„Ich habe ... dafür gesorgt, daß der König sie mochte, und dann wird sie die Favoritin, und ich werde weggeschickt."
Die aus dieser Erkenntnis abgeleitete Rechtfertigung für ihre Handlungsweise läßt die Rabulistik dieser Frau deutlich werden:
„... war es Unrecht, die Freundschaft des Königs anzunehmen? War es Unrecht, ihm gute Ratschläge zu geben und meinen Einfluß zu nutzen, um ihn auf den Weg der Tugend zu führen?"

An und für sich war das nicht unrecht. Unrecht war der Weg, auf dem dieser Einfluß erlangt wurde. Sie fühlte das selbst, wenn sie schrieb:
„… andernfalls hätte ich der Montespan Waffen in die Hand gegeben, mit denen sie mich hätte zerstören können."
Noch deutlicher tritt ihre fragwürdige Handlungsweise in folgendem Passus zutage:
„Habe ich nicht recht, wenn ich sage, es gibt nichts Klügeres, als nicht nur nicht im Unrecht zu sein, sondern sich auch stets und gegen jedermann untadelig zu verhalten." [57]
Sie war hier nicht nur nicht im Recht, sondern sie hatte sich auch keineswegs untadelig verhalten, als sie ihren Einfluß nutzte, um die Montespan aus ihrer Stellung zu verdrängen. Ganz sicher hätte der König eines Tages selbst erkannt, daß sein Verhältnis mit der Montespan untragbar geworden war. Aus welchem Grunde beschleunigte sie den voraussehbaren Bruch?

Es wird gesagt, die Jesuiten drängten sie zu dieser Handlungsweise. Aber auch das ist keine Entschuldigung. Hätte ihr etwas an der Freundschaft der Montespan gelegen, wäre es einfach gewesen, dieses Ansinnen abzulehnen oder zumindest so lange zu verzögern, bis die Betroffenen selbst eine Lösung ihrer Probleme fanden.

Diese etwas umständlichen Ausführungen waren notwendig, um die „éloquence" dieser Dame zu beleuchten, die an anderer Stelle dieser Betrachtung noch eine Rolle spielen wird.

Weder das Datum, das im Grunde unwichtig ist, noch die Tatsache, daß eine Trauung stattgefunden hatte, sind belegt. Fest steht dagegen, daß es der Maintenon gelungen war, ihre ehemalige Freundin Madame de Montespan mit Hilfe von deren Sohn, dem Herzog von Maine, als maîtresse en titre zu verdrängen, an deren Stelle zu treten und die Höflinge vom kirchlichen Segen für ihre Verbindung mit dem König – oder von dem, was sie dafür hielten – zu überzeugen.

Der König ließ seiner neuen Gefährtin in der Öffentlichkeit eine Politesse angedeihen, wie er sie bisher keiner seiner Mätressen, ja, nicht einmal seiner legitimen Gemahlin bezeigt hatte.
Rekompensation für entgangene öffentliche Anerkennung?

Es ist anzunehmen, daß die Maintenon dem König die Lage vorgestellt hatte, in die sie als seine Mätresse geraten würde. Vielleicht stellte sie ihn vor die Alternative: Kirchlicher Segen – wenn schon nicht öffentliche Deklarierung – oder Auflösung der Beziehung, da sie es mit ihrem Glauben nicht vereinbaren könne, weiterhin in seiner Nähe zu leben, nachdem er Witwer geworden war. Zwar meint

Philippe Erlanger, das sei kein Hindernis gewesen, denn
„...*das war ja nichts Neues. Schon das demütige Geschöpf, betraut mit der Fürsorge für die Bastarde, hatte sich offenbar 1675 der Glut der Sonne ergeben müssen.*"[58]
1675? Meinte Erlanger, der Erwerb des Schlosses Maintenon sei die Rekompensierung für diese „Hingabe" gewesen? Die Fama berichtet doch, die Maintenon sei so tugendhaft gewesen, daß sie schon einmal dreißigtausend Taler von dem Oberintendanten Lorme zurückgewiesen habe, obwohl sie arm gewesen sei.
Madame, die angeblich eine spitze Feder hatte, weil sie in ihren Briefen unangenehme Wahrheiten deutlich aussprach, war anderer Ansicht. Prof. Schütz zitiert aus einem ihrer Briefe:
„... *das weib ist eloquent und hat gar schöne augen. Der König gewöhnte sich so an sie und meinte, sie würde ihn selig machen. Er verfolgte sie, sie hielt aber fest und gab ihm zu verstehen, daß, ob sie zwar die größte inclination von der welt für ihn trage, so wollte sie doch Gott nicht erzürnen.*"[59]
Diese Erklärung erscheint plausibel. Der König, der, wie Madame es ausdrückte, gern stachelte, nannte die Maintenon „votre solidité", was auch Standhaftigkeit, Festigkeit bedeutet und so interpretiert werden könnte, als ob er ohne den Segen der Kirche oder mindestens das "on dit" nicht zum Ziele kam.

VII.

Man hatte eine neue, negative Eigenschaft an Madame entdeckt! Aus der einstigen sœur pacifique war ein krankhaft eifersüchtiges Weib geworden.
Es erscheint folgerichtig, wenn eine in Ludwig XIV. verliebte Frau – und sei es auch nur „unbewußte Liebe" – wegen dieser Heirat eifersüchtig war. In diesem Fall ist es aber schwierig, eine solche Behauptung nachzuweisen.
Bis zu der Maintenon Zeiten war Elisabeth Charlotte niemals von Eifersucht auf des Königs Mätressen geplagt, noch war sie jemals einer solchen beschuldigt worden. Wenn sie tatsächlich so eifersüchtig gewesen sein sollte, wie behauptet wird, wieso zeigte sich diese Charaktereigenschaft bei ihr nicht viel früher? Madame erlebte Aufstieg und Fall einer ganzen Reihe von Ludwigs Mätressen aus nächster Nähe. Von ihnen ist in ihren Briefen selten die Rede. Wenn sie aber erwähnt werden, dann eher lobend als in abfälliger Weise. Sehr aufschlußreich in dieser Beziehung ist ihr Brief vom 2. Mai 1697 an ihre Tante Sophie:

„... was den König anbelangt, so bin ich wohl oder übel mit ihm gestanden, nach dem es seine maitressen gewollt. Zu der Montespan zeiten war ich in ungnaden, zur Ludre zeit wohl dran; als die Montespan wieder die oberhand nahm, gings wieder übel; wie Fontanges kam, wohl, und seit das jetzige weib regiert allezeit übel." [60]

Liselotte hatte also ihre Erfahrungen. Die realistische Einschätzung ihrer Situation verrät nichts von Eifersucht, umso mehr über den wankelmütigen Charakter des Königs. Mit der Ludre stand Madame noch viele Jahre nach deren Fall in Verbindung. Sie nannte sie „die schöne Ludre", ein sicheres Zeichen für die Eifersucht einer Frau! Später, am 19. März 1716 schrieb Madame:
„Wenn man die jalousie einwurzeln läßt, ist sie nicht zu vertreiben; man muß beizeiten seine parthei nehmen." [61]
Sie wußte genau, wie sehr man sich vor der Eifersucht hüten muß, um ihr nicht zu verfallen, und betrachtete sich keineswegs als Rivalin der Maintenon.

Ein eifersüchtiger Mensch fragt sich, welche Qualitäten ihm fehlen, die die beneidete Person ganz offensichtlich besitzt.
In Liselottes Briefen findet sich kein Hinweis darauf, daß sie sich je solche Gedanken gemacht hätte oder gar wünschte, an der Maintenon Stelle zu sein. Die Phase der „romantischen Pensionatsschülerin", wenn es sie denn je gegeben haben sollte, war vorüber. Sie hatte Abstand gewonnen und betrachtete den Hof und die Person des Königs weit kritischer als in der ersten Zeit. In ihren Briefen liest man Bemerkungen darüber, was ihr an ihrem Schwager weniger gefiel, an seinem Verhalten und seinen Gewohnheiten. Ihr mißfiel sein "je verrai", mit dem er die Leute hinhielt, und die ihm eingeredete Ansicht, es sei bürgerlich, seine Verwandten zu lieben. Andererseits besaß der König Eigenschaften und Vorlieben, die mit ihren eigenen übereinstimmten. Beide liebten die Jagd, Spaziergänge, frische Luft – auch in ihren Wohnräumen – und die Natur. Sie waren unempfindlich gegen körperliche Unpäßlichkeiten und liebten Tiere.
„Ludwig XIV. hatte eine robuste Konstitution, war aber nicht gesund ... Madame wies den Ärzten die Tür und befand sich dabei wohl. Der König wäre ihrem Beispiel gefolgt, hätte er nicht auf diesem Gebiet ebenso konventionelle und gefährliche Vorstellungen wie auf religiösem gehabt." (Erlanger, „Ludwig XIV.") [62]

Natürlich gab es auch abweichende Eigenschaften. Liselotte besaß eine gute Portion Mutterwitz, der ihr über die vielen Schwierigkeiten hinweghalf, denen sie am Hofe des Sonnenkönigs ausgesetzt war. Ludwig war ein Mensch, der selten lächelte; vor allem aber konnte er nicht über sich selbst lachen. Hinter der unbewegten Fassade verbargen sich Ängste, vielleicht das Ergebnis der bedrückenden Erfahrungen seiner Kindheit und Jugend. Er bangte um seinen Ruhm, er fürchtete den Verlust seiner Macht oder von Ländereien, die ihm gehörten oder auf die er Anspruch zu haben glaubte. Er mißtraute dem französischen Adel, vor allem den Mitgliedern seiner eigenen Familie. Sie in Abhängigkeit zu halten, hatte er zu seiner Lebensaufgabe gemacht. Um ersteres zu erhalten und letzteres zu erreichen, war ihm kein Preis zu hoch und fast jedes Mittel recht. Madame hatte dies erkannt. Es erklärt ihren Wunsch, den König „lachen zu machen" und ihre Freude, wenn ihr dies gelang. Es war also keineswegs Naivität oder Gleichgültigkeit, wie Tante Sophie meinte, wenn sie nicht oder selten versuchte, bei ihrem Schwager für ihre Familie zu intervenieren. Sie kannte den König besser als die meisten seiner eigenen Verwandten und wußte, was man bei ihm erreichen konnte und was nicht. Aus keiner ihrer Äußerungen geht jedoch hervor, daß sie sich jemals Illusionen über ihre Beziehung zu ihrem Schwager gemacht hat. Sie wollte bei ihm „in faveur" sein – und bleiben. Der Aufstieg der Maintenon beraubte sie dieser Möglichkeit.

Ein eifersüchtiger Mensch ist in der Regel auch rachsüchtig. Es findet sich aber nirgends ein Hinweis, daß Madame je versuchte, sich persönlich an der Maintenon zu rächen, obwohl ihr später, als ihr Sohn zur Regentschaft kam, diese Möglichkeit offengestanden hätte. Als ihr Sohn die Verschwörung, die der Herzog von Maine und seine Gemahlin gegen ihn angezettelt hatten, entdeckte,
„ließ er den Herzog von Maine nebst seiner Frau ... gefänglich einziehen ... und nötigte die Maintenon, die er aus Achtung für das Andenken Ludwigs XIV. keiner harten Strafe unterwerfen mochte, sich ganz in die von ihr gestiftete Pensionsanstalt ... St. Cyr zurückzuziehen." (F.K.J. Schütz, „Leben und Charakter der Elisabeth Charlotte von Orléans")[63]
Sicher wäre es ihr als Mutter nicht schwergefallen, ihren Sohn zu beeinflussen, wenn sie sich an der Maintenon persönlich hätte rächen wollen. Zwar begaben sich sowohl der Herzog von Orléans als auch Madame nach dem Tode des Königs nach St. Cyr, um der Maintenon ins Gewissen zu reden. Weder sie noch er hatten damit Erfolg.

Für ihren ersten Angriff hatte Frau von Maintenon einen ungünstigen Zeitpunkt gewählt. Die Ungnade des Königs, die der Rüge folgte, war

Kurfürst Carl, Bruder von Liselotte

von kurzer Dauer. Zwei Wochen nach dem „filz" erhielt Madame die Nachricht vom Tode ihres einzigen Bruders, des Kurfürsten von der Pfalz. Er war im Alter von 33 Jahren unerwartet verstorben und hinterließ keine Kinder. Von ihm wird berichtet, er habe Sexualität für ungesund gehalten. Vielleicht hatte ihr Bruder die „Gefühlskälte" von seiner Mutter geerbt und nicht Liselotte.

An der Spitze des gesamten Hofes begab sich Ludwig XIV. nach St. Cloud, um seiner Schwägerin sein Beileid auszusprechen und sie mit freundlichem Trost zu bedenken. Leider geschah dies nicht ohne Hintergedanken. Gemeinsam begannen der König und sein Bruder einen Erbstreit mit dem Testamentsvollstrecker des verstorbenen Kurfürsten. Es ging um Elisabeth Charlottes Anteil am Nachlaß ihres Bruders. Nicht etwa, wie man annehmen möchte, in ihrem Interesse.

Man benötigte das Einverständnis der Erbin, ein Grund für den König, seine Ungnade zum Ärger der Maintenon schnellstens zu vergessen. Der Streit zog sich in die Länge. Ohne Madame darüber zu informieren, übergab Ludwig XIV. Ende 1685 die Regelung der Erbschaftsangelegenheit dem Papst, der als Schiedsrichter fungieren sollte. Elisabeth Charlotte war von vornherein überzeugt, daß sie selbst dabei nichts gewinnen würde. Trotzdem war man so freundlich, ihr nahezulegen, die Hälfte des ihr eventuell zugesprochenen Anteils bereits bei Lebzeiten an ihren Sohn abzutreten. Sie lachte und meinte, da ihr Sohn ihr einziger Erbe sei, wäre es wohl recht und billig, wenn er mit dem Erben bis zu ihrem Tode wartete.

Die Auseinandersetzung endete, wie sie es vorausgesehen hatte. Von ihrem Erbteil sah sie keinen Heller. Nicht einmal die berühmte Münzsammlung ihres Vaters, um die sie gebeten hatte, ließ Monsieur ihr zukommen. Er brauchte Tapisserien, küß die Hand, die er gegen die Münzsammlung eintauschte und die er dazu benutzte, die Gemächer seines Liebhabers im Palais Royal auszuschmücken. Alles Silber ließ er einschmelzen, und mit dem Erlös und dem Bargeld, das Liselotte geerbt hatte, wußte er nichts Besseres anzufangen, als es mit „seinen buben" zu vergeuden.

VIII.

Im Laufe des Jahres 1685 begann sich ein Einschnitt in der Regierungszeit Ludwigs XIV. abzuzeichnen, hervorgerufen durch eine Reihe von Ereignissen, die die Gloire des Königs verdunkelten und das Glück, das ihm bisher hold gewesen war, in Unglück und Tränen verwandelten.

Da war zunächst die angebliche Heirat mit Madame de Maintenon. Wie immer ihr Einfluß auf die Handlungsweise des Königs und auf seine Entscheidungen beurteilt werden mag: dieser Einfluß und die gesundheitlichen Schwierigkeiten, die sich bei Ludwig in den folgenden Jahren einstellten, leiteten den Abstieg ein.

Wenn bei einem Menschen plötzlich ernstliche physische Komplikationen auftreten, verändern sich seine Gedanken und seine Reaktionen. Es kann aber nicht die Fistel allein gewesen sein, die diese Veränderung bewirkte. Andere Ereignisse traten hinzu, die nicht übersehen werden dürfen. Der König hatte sein persönliches Umfeld verändert, und es muß ihm schwergefallen sein, sich auf diese Veränderung einzustellen. In diese Zeit fiel auch der Widerruf des Edikts von Nantes, und es wäre sehr wohl denkbar, daß er unter anderen Umständen und ohne die Ratschläge der Maintenon und der mit ihr verbundenen Jesuiten nicht so krass durchgeführt worden wäre, weil besonnenere Ratgeber den Ausschlag gegeben hätten. Gleichzeitig schien aber auch das Kriegsglück den König zu verlassen. Eine Zeitlang wandelte Fortuna noch auf dem schmalen Grat des Erfolges, um dann unwiderruflich den Abstieg anzutreten. Die Kriege brachten zwar noch einige Siege (Erlanger nannte sie „die nutzlosen Siege"),[64] sie kosteten aber immer mehr Blut und Tränen, gar nicht zu sprechen von den hohen finanziellen Belastungen. Es wird behauptet, das französische Volk hätte es als Feigheit empfunden, wenn sein angebeteter Monarch sich von Niederlagen hätte entmutigen lassen. Mit einem so pauschalen Urteil macht man es sich aber zu einfach. Ein Plebiszit, mit dem man hätte feststellen können, ob die Stimmung im Volk tatsächlich so einmütig war, wie viele Historiker dies glauben machen möchten, gab es nicht. Viele zeitgenössische Schilderungen vermitteln jedenfalls ein anderes Bild von den damaligen Verhältnissen. Als Monsieur versuchte, seinem Bruder ins Gewissen zu reden und ihm das Elend des Volkes vor Augen zu führen, soll der König geantwortet haben:

„Nun, wenn vier- oder fünfhunderttausend dieser Kanaillen da sterben, wäre Frankreich dann weniger Frankreich? Ich bitte, sich nicht in Dinge zu mischen, die Sie nichts angehen." (Erlanger, „Ludwig XIV.", nach Robert Challes, Ecrivain du Roi, Memoiren)[65]

Solche Worte, von einem so beherrschten Menschen geäußert, wie es Ludwig XIV. allen Beschreibungen nach gewesen sein soll, lassen auf einen Wandel schließen, der erschreckend ist. Liselotte, Madame, drückte es zutreffend aus:

„Sie (die Maintenon) macht den König cruel, ob Ihro Majestät es schon von sich selber nicht sein; und der König, der vor diesem ganz traurig schien, wenn seine truppen désordre taten, gesteht nun öffentlich, daß er das sengen und brennen selber befiehlt; und sie macht ihn hart und tyrannisch, daß er vor nichts mehr mitleiden hat."[66]

Auch wenn Madames Kritiker einwenden werden, sie habe mit dieser Aussage über das Ziel hinausgeschossen, so trifft ihre Beobachtung doch insoweit zu, als die Maintenon jedenfalls nicht versucht hat, mäßigend auf den König einzuwirken.

Man sollte die Briefe Liselottes nicht nach dem äußeren Schein beurteilen, sondern auch auf die Wortwahl achten. „Und der König, der vor diesem ganz traurig *schien*, wenn seine truppen désordre taten," schrieb sie. Ein Hinweis darauf, daß es nur eines Werkzeugs bedurft hatte, um die negativen Seiten im Charakter des Königs hervortreten zu lassen. Die Maintenon und ihr Anhang erfüllten offenbar diese Voraussetzung.

Leider beschränkte sich die Maintenon in der Folge nicht auf verbale Injurien, sondern sie griff immer wieder massiv in die engsten Familienangelegenheiten Elisabeth Charlottes ein. Im April 1688 wurden die Freunde Monsieurs so „wol tractiert", daß es nicht zu übersehen war. Madame erkundigte sich unter der Hand nach den Gründen und erfuhr:
„daß sie Monsieur persuadieren sollen, daß er den König ganz unterthänigst bitten solle, der Montespan kinder mit den meinen zu verheiraten ... Die Maintenon ist in diesem falle ganz für die Montespan, weilen sie diese bastarde erzogen und den hinkenden buben so lieb hat als ihr eigen kind ..." [67]

Die Absicht, den noch nicht dreizehnjährigen Philipp von Chartres mit Mademoiselle de Blois zu verheiraten, war also weiter gediehen als man annehmen sollte. Der Heirat standen allerdings noch einige Hindernisse im Weg, weshalb sie vorläufig nicht stattfand.
Da war einmal der Streit um Elisabeth Charlottes Erbe, der noch immer nicht beendet war. Im Namen seiner Schwägerin hatte der König Anspruch auf die Allodialgüter in der Pfalz zugunsten ihres Ehemannes, seines Bruders, erhoben. Im Spätsommer des gleichen Jahres stellte er dem Reich ein Ultimatum von drei Monaten (am 24. September 1688). Schon am darauffolgenden Tag setzten sich jedoch französische Truppen in Richtung Rhein in Bewegung. Ohne Kriegserklärung fielen sie in die Pfalz ein und begannen ein Zerstörungswerk, wie man es zuvor von einer zivilisierten Nation nicht erlebt hatte.

Über die Kriege, die Ludwig XIV. während seiner Regierungszeit geführt hat, ist viel geschrieben worden. Der Pfälzische Erbfolgekrieg war einer der unnötigsten und grausamsten, den er ohne Provokation vom Zaune brach. Er interessiert hier lediglich deshalb, weil er in unmittelbarem Zusammenhang mit dem behandelten Thema steht. Über seine Auswirkungen auf die Beziehung Ludwigs XIV. zu seiner Schwägerin gibt es widersprüchliche Ansichten. Ludwigs Verhalten ihr gegenüber wird zwar kritisiert, aber die Kritik ist oft halbherzig oder wird mit einigen kurzen Sätzen abgetan. Nur zwei der Apologeten des Königs gestatten sich ein negatives Urteil über seine Handlungsweise anläßlich der völligen Zerstörung von Liselottes Heimat. Philippe Erlanger schreibt:

"Auf jeden Fall aber trifft den König ein großer Teil der Verantwortung, und auf der Passivseite seiner Bilanz muß ein sehr häßlicher Zug eingetragen werden: Der Groll, mit dem er Liselotte verfolgte, weil sie über die in ihrem Namen begangenen Untaten verzweifelt war." [68]

Ludwig Bertrands Kritik ist etwas vorsichtiger.

"Eines ist sicher, Louvois mußte sich alle Mühe geben, um den König zu den Mordbrennereien in der Pfalz zu bestimmen, die in der gesamten Welt gegen Frankreich die höchste Wut und Empörung hervorriefen. Auch unsere Historiker tadeln sie, und mit Recht, denn es wäre unangebracht, etwas so Furchtbares nicht zugeben zu wollen." [69]

Pierre Gaxotte hingegen geht mit einigen Sätzen über die furchtbaren Greuel hinweg und findet,

"das entsprach den Sitten der Zeit." [70]

Michael Strich meint, die Verzweiflung Madames über ihre Schuld an der Zerstörung ihrer Heimat sei nur eine Einbildung gewesen,

"weil niemand sie dafür verantwortlich machte."

Das kann man wohl mit Recht eine merkwürdige Auffassung nennen.

Diese Kontroversen können aber nicht darüber hinwegtäuschen, daß die in ihrem Namen verübten Greueltaten einen unauslöschlichen Eindruck auf Liselotte hervorriefen und einen tiefgreifenden Einschnitt in ihrem Leben und in ihrem Verhältnis zu ihrer Umgebung bedeuteten.

Und wie verhielt sich der Hauptbeteiligte? Er verübelte ihr die Tränen, die sie über die Zerstörung ihrer Heimat vergoß und in der Öffentlichkeit nicht verbergen konnte. Er nahm ihr die Worte übel, die sie unfreiwillig und erst auf Drängen gegenüber Monsieur de Montausier, dem Erzieher des Dauphin, geäußert hatte. Ihrer Tante berichtete sie darüber:

"Die zehn tage, wie ich zu Paris krank war, hat der König nicht nach mir fragen lassen; ich habe ihm geschrieben, hat mir aber nicht geantwortet. Als ich wieder herkommen (nach Fontainebleau) war ich curieuse um zu wissen, was das bedeutet, ließ derowegen unter der hand nachforschen und erfuhr, daß der König bös über mich seie wegen eines diskurs, so ich mit dem duc de Montausier gehalten. Den will ich Euer Liebden verzählen: Monsieur de Montausier kam zu mir in Madame la Dauphine kammer und sagte: "Madame, monsieur le Dauphin est votre chevalier, il va vous conquérir votre bien et votre terres." Erstlich antwortete ich nichts hierauf; hernach sagte er: "Il me semble, Madame, que vous recevez bien froidement ce que je vous dis." Ich antwortete: "Monsieur, il est vrais que vous me parlez

de la chose du monde de laquelle j'aime le moins à entrendre parler, car je ne vois pas, qu'il me revienne grand profit que mon nom serve pour la perte de ma patrie, et bien loin d'en ressentir de la joie, j'en suis très fachée; je n'ai pas l'art de dissimuler, mais je sais me taire – ainsi si on ne veut pas que je dise ce que je pense, il ne faut pas me faire parler." Dieses, wie man mir sagt, hat der alte gar übel gefunden und es an andere verzählt, die es dem König gesagt, welcher es endlich auch gar in ungnaden aufgenommen."[71]

Und einmal mehr ließ er sie seine Ungnade deutlich spüren.
Van der Cruysse nennt den Einfall der französischen Truppen in die Pfalz einen *„verbrecherischen Anschlag"* und fährt fort:
„Sie (Madame) hatte alles versucht, um eine zynischerweise in ihrem Namen veranlaßte Zerstörung abzuwenden, und man hatte Schuldgefühle in ihr geweckt, indem man sie glauben machte, eben ihre Fürsprache hätte die Katastrophe ausgelöst."[72]

Bei einem solchen Verhalten ist es verständlich, wenn Elisabeth Charlotte schrieb, sie habe nirgends herzlosere Menschen kennengelernt als an diesem Hof. Eine Seite weiter liest man:
„Der König konnte nicht begreifen, wie eine deutsche Prinzessin, die die Ehre hatte, seine Schwägerin zu sein, so geschmacklos sein konnte, das Unglück in einem Winkel des Reichs zu beklagen ... ohne auch nur den Versuch zu machen, ihre Mißbilligung zu verbergen."[73]

Der König hätte mindestens begreifen können, daß „dieser Winkel des Reiches" die Heimat seiner Schwägerin war, und es ist verständlich, wenn sie eine solche Barbarei beweinte und betrauerte. Einen Versuch, ihre Mißbilligung zu verbergen, hatte sie ja gemacht als sie sagte: *"mais je sais me taire."*

Zum anderen erfuhr Madame im Mai 1689 von einem wiederum gegen ihre Familie gerichteten Plan der Maintenon.
Der Erzieher des jungen Chartres, ihres Sohnes, war gestorben, und man suchte einen Ersatz. Um, wie sie meinte, ihrem Sohn eine weniger gute Erziehung angedeihen zu lassen als dem Herzog von Maine, war der Marquis d'Effiat, neben Lorraine der ärgste Feind der Herzogin, zum Nachfolger ausersehen worden. Lorraine und d'Effiat sollten Monsieur auf diesen Plan einstimmen.

Es ist verständlich, daß Liselotte sich dagegen wehrte und alles daran setzte, ihrem Gemahl, dem die rationalen Argumente seiner Frau zuwider waren, davon zu überzeugen, daß er dem nicht zustimmen dürfe. Monsieur verteidigte die Wahl jedoch – wahrscheinlich nur deshalb, weil seine Frau sie ablehnte – ausgerechnet mit dem Argument, Madame de Maintenon habe die Sache sehr approbiert und hätte den König darin consentieren machen. Liselotte stellte ihm vor, daß diese Empfehlung durchaus keine Ehre sei, sondern daß Monsieur gut daran täte, mißtrauisch zu sein. Als ihre Vorstellungen vergeblich waren und lediglich den Widerstand Monsieurs schürten, der auch vor Drohungen und Erpressungen nicht zurückschreckte, erbat sie eine Audienz beim König und trug ihm ihre Bedenken gegen die Wahl dieses Erziehers vor. Ludwig erklärte, es seien lauter Lügen, er habe den Plan nie unterstützt. Im Gegenteil, er habe seinen Bruder schon ein Jahr lang von diesem Vorhaben abgehalten.

Was sollte Liselotte nun glauben, und wem konnte sie noch trauen? Genug, Philippe von Chartres bekam einen anderen Erzieher. Hatte dem König das Gewissen geschlagen? War der Einfluß der Maintenon in diesem Fall nicht stark genug? Man weiß es nicht.

IX.

Das Jahr 1692 brachte für Elisabeth Charlotte das wohl einschneidenste Ereignis, das sie während ihres Lebens am französischen Hof zu bewältigen hatte. Die Idee, die ihr 1688 zum erstenmal zu Ohren gekommen war, wurde erneut aufgegriffen.

Nachdem er vier Jahre lang gezögert hatte, wollte Ludwig jetzt den Plan, seine unehelichen Kinder von der Montespan mit den Kindern seines Bruders zu verheiraten, in die Tat umsetzen. Daß dieser Heiratsplan von der Maintenon stammte, zeigt folgende Geschichte. Der Herzog von Maine hatte einen Gehfehler, und sein Vater war der Ansicht gewesen, dies schlösse eine Ehe aus. Er hatte das seinem Sohn auch unverblümt gesagt: Ein Mann wie Sie heiratet nicht! Unter dem Einfluß der Maintenon änderte er seine Ansicht. Schon 1681 hatte sie dem damals Elfjährigen vorausschauend die finanziellen Voraussetzungen für den angestrebten Aufstieg gesichert. Mit Hilfe seiner Mutter, die den Hof noch immer nicht verlassen hatte, obwohl sie nicht mehr die Favoritin war, wurde die Grande Mademoiselle, eine der reichsten Damen des Königreichs, angezapft. Gegen das Versprechen, beim König die Freilassung Lauzuns, der in Pignerol in Haft war, und den sie gern geheiratet hätte, zu erwirken, trat sie die Grafschaft Eu und das Fürstentum Dombes an den Herzog von Maine ab. Schon damals muß die Maintenon mit dem Gedanken gespielt haben, den König dazu zu bewegen, ihr „liebes Schätzchen", das bereits 1673 legitimiert worden war, den Ebenbürtigen gleichzustellen und ihn in die Reihe der Thronfolger aufzunehmen. Sie war eine hartnäckige Verfechterin ihrer Ideen. Erst 33 Jahre später erreichte sie dieses Ziel.

Man sagt, Ludwig XIV. habe mit Vorliebe die Ebenbürtigen mit den Unebenbürtigen verheiratet. Zwar hatte er zuvor zwei seiner unehelichen Töchter mit Mitgliedern der Familien Condé und Conti vermählt; unter dem Einfluß der Maintenon griff er nun nach den Angehörigen seiner eigenen Familie. Das ist ihm von den Historikern als fortschrittlich und seiner Zeit vorauseilende Handlungsweise angerechnet worden. Eher darf man aber annehmen, daß dies seinem Selbstverständnis entsprang und daß die Maintenon, nicht zuletzt aus persönlichen Gründen, die dafür notwendige Vorarbeit geleistet hatte. Als Ludwig allerdings dem Statthalter der Niederlande Wilhelm von Oranien die Hand seiner legitimierten Tochter von der La Vallière anbot, mußte er erleben, daß man im übrigen Europa nicht anders als Elisabeth Charlotte über derartige Mesalliancen dachte. Wilhelm wies das Angebot tief beleidigt zurück.

Wenn Madame diese Ehepartner für ihre Kinder ablehnte, kann man ihre Weigerung nicht mit Starrsinn oder Kollektivantipathie abtun. Im ausgehenden siebzehnten und, wie man sehen wird, auch noch ein Jahrhundert später, waren die Frauen die Wahrerinnen dynastischer Belange. Madame war durchaus keine Ausnahme, wenn sie sich mit allen Mitteln gegen eine solche Verbindung sträubte. Daß die Frauen in dieser Frage oft genug der Vorherrschaft der Männer unterlagen, steht auf einem anderen Blatt.
Da war z. B. die nicht standesgemäße Heirat Leopolds von Anhalt-Dessau, des Alten Dessauers, wie er genannt wurde, die auch Liselotte in ihren Briefen kritisierte.
Er regierte von 1698 bis 1744 und heiratete die Apothekerstochter Anneliese Föse gegen den erheblichen Widerstand seiner Mutter Henriette Catharina von Oranien, der Gemahlin Georgs II. von Anhalt. Ein Jahrhundert später, 1806, erregte die Heirat des Enkels des Großherzogs Karl Friedrich von Baden mit der Adotivtochter Napoleons, Stephanie Beauharnais, ebenfalls Widerstand.
Nur der beherrschenden Stellung Napoleons war es zuzuschreiben, daß diese Mesalliance zustande kam. Auch hier hatte die Mutter des Kronprinzen, die Markgräfin Amalie von Baden, versucht, diese Heirat mit allen Mitteln zu verhindern. Vergeblich – weder bei Napoleon noch bei Ludwig XIV. gab es Widerspruch.
Varnhagen von Ense erzählt:

„Der Kaiser Napoleon bestimmte dem Lande Baden beträchtliche Vergrößerungen, zugleich dem Erbprinzen Karl, dem Sohn der Markgräfin, die Hand der Stephanie von Beauharnais, einer Nichte der Kaiserin Josephine. An Ebenbürtigkeit im alten Sinne war hier nicht zu

denken, und das altfürstliche Blut der Markgräfin empörte sich gegen eine solche Mißheirat. Sie hatte den Mut, dem gewaltigen Kaiser gegenüber ihre mütterliche Zustimmung zu der Heirat zu versagen und erteilte sie erst, als der Kaiser … einwilligte, … sie (Stephanie) zur Kaiserlichen Hoheit und fille de France zu erklären … Die Markgräfin aber hatte sich nur gefügt, und die Sache blieb ihr dennoch verhaßt." [74]

Und wie steht es heute, dreihundert Jahre später, am Ende des 20. Jahrhunderts, um diese Frage? Von sechs europäischen Adelshäusern haben einem Bericht zufolge nur zwei keine Einwendungen gegen einen nicht standesgemäßen Schwiegersohn. Andere Familien haben ihre Söhne, die eine solche unerwünschte Verbindung eingingen, einfach enterbt.

Diese Heirat, die sogar erfahrene Höflinge schockierte, diente auch einem persönlichen Zweck. Mit dieser Mesalliance würde die Maintenon die verhaßte Deutsche an ihrer empfindlichsten Stelle treffen: Im Stolz auf ihre untadelige Abstammung, die sie betonte, was wiederum den Spott der Höflinge erregte. Allen Spötteleien zum Trotz war die Abstammung oder, genauer gesagt, deren Mangel, die Kette am Fuß der Maintenon. Dieser deutsche Bauerntrampel, wie sie Madame im vertrauten Kreis titulierte, besaß, was ihr, der gebildeten französischen Dame, fehlte – und was sich leider durch nichts ersetzen ließ. Mit der angeblichen Heirat hatte sich der König zwar den Anspruch auf die ehelichen Pflichten gesichert. Die äußere Macht und das Ansehen, die mit dieser Stellung verbunden waren, enthielt er ihr vor. Zwar meinte Erlanger, die Höflinge munkelten, die Maintenon dränge stark auf eine Deklarierung ihrer Ehe mit dem König; er fährt aber fort, Françoise habe ein Leben im Halbschatten gewählt. Ob diese Wahl tatsächlich so freiwillig war?

Auch die gesunde Konstitution und die Widerstandskraft, die Madame allen Anfeindungen und üblen Machenschaften entgegensetzte, müssen dieser verweichlichten Frömmlerin ein steter Stein des Anstoßes gewesen sein. Der Neid und die Mißgunst, mit der sie Elisabeth Charlotte verfolgte, werden dadurch erklärlich. Madame war tatsächlich eine härtere Nuß als die Dauphine, die diesen Intrigen und Ränken nichts entgegenzusetzen hatte. Eine Autorin umschreibt deren Situation sehr poetisch, wenn sie sagte:

„… sehen jedoch auch diejenigen Zeitgenossen, die der Dauphine kritisch gegenüberstanden, in Madame de Maintenon die Mauer, an der sie zerbrach." [75]

Anscheinend war auch eine Nachricht lanciert worden, die den Hof in Hannover erreichte. Am 21. Februar 1692 widersprach Madame ihrer Tante Sophie in ungewöhnlich scharfem Ton, sie habe sich wegen der Heirat kindisch gestellt. *„Man hat Euer Liebden übel bericht, daß ich mich wegen der hochzeit solle kindisch gestellt haben; ich bin leider in keinem alter mehr, kindisch zu sein; was ich mich nun kindisch stellen sollte, müßte pure torheit sein …"* [76]

Wodurch sich Madame diese Kritik zuzog, ist nicht ersichtlich, da man den Brief nicht kennt, auf den sich ihre Antwort bezieht. Sie bestreitet aber ausdrücklich, sich unangemessen verhalten zu haben. Die Schilderung eines Vorfalls in Saint-Simons Memoiren, die sich am Tage nach der Verlobung des Herzogs von Chartres mit Mademoiselle de Blois abgespielt haben soll, könnte allerdings einiges Licht ins Dunkel bringen. Er berichtet, Madame habe ihrem Sohn, als er sich ihr am folgenden Tag in der Großen Galerie näherte, um ihr die Hand zu küssen, vor versammeltem Hof eine schallende Ohrfeige verabreicht, weil er der Heirat mit seiner unebenbürtigen Cousine gegen ihren ausdrücklichen Willen zugestimmt hatte.

Madames Verzweiflung über diese Mesalliance wird auch vom Marquis de Sourches in seinen Tagebuchaufzeichnungen erwähnt. Er drückt sich allerdings wesentlich zurückhaltender aus als Saint-Simon: *„… daß man sich gar nicht vorstellen kann, wie groß die Verzweiflung Madames war … und einige Leute sagten, sie sei nahe daran gewesen, ihren Sohn zu züchtigen."* Auch Nancy Mitford meldet in ihrem Buch „Der Sonnenkönig" leise Zweifel an der Authentizität des Saint-Simonschen Berichts an: *„Weder Madame selbst noch irgendein anderer Memoirenschreiber erwähnt diese berühmte Maulschelle, es kann aber kein Zweifel bestehen, daß ihre Bestürzung und Wut über diese Mesalliance groß waren."* [77]

Madames Verhalten bei diesem, aber auch andere Ereignisse, sind in Saint-Simons Memoiren mit fast magischer Überzeugungskraft, gleichwohl auch romantisch aufgeputzt, geschildert, auch solche, bei denen er nicht persönlich zugegen war und die er folglich nur vom Hörensagen kennen konnte. Sie scheinen keinen Raum für Zweifel oder gar Widerspruch zuzulassen. Wenn man jedoch versucht, seine Berichte zu analysieren, kommen dennoch gewisse Zweifel auf, ob die Vorfälle sich tatsächlich so und nicht anders abgespielt haben. Mangels anderer Quellen ist man bei einer solchen Analyse auf die Handlungsweise der beschriebenen Person und ihre Reaktion in ähnlichen Situationen angewiesen. Wenn Saint-Simon hier beispielsweise über diese Geschichte berichtet, die immer wiederholt wird und die erst am Tage nach der Verlobung vor versammeltem Hof stattgefunden haben soll, muß man fragen, weshalb Madame bei ihrem auch von ihr selbst als sehr spontan beschriebenen Temperament nicht sofort handelte. Eine Ohrfeige ist eine Affekthandlung, die, wenn überhaupt, in der ersten Wut und ohne Überlegung verabreicht wird und selten erst dann, wenn man, wie es heißt, eine Nacht darüber geschlafen hat.

Die geplante Heirat des Herzogs von Maine mit Monsieurs Tochter kam zu Madames Erleichterung nicht zustande. Sicher eine herbe Enttäuschung für die Maintenon. Die späteren Ereignisse zeigen übrigens, daß es ihr trotz großer Anstrengungen nicht gelang, das Haus Orléans, das sie aus naheliegenden Gründen haßte, mit Hilfe der Bastarde aus der Thronfolge bzw. der Regentschaft zu verdrängen.

Diese Mißheirat ihres einzigen Sohnes hat Liselotte ihr Leben lang nicht verschmerzen können. Zu ihrer Schwiegertochter fand sie niemals ein Verhältnis, das über Höflichkeitsfloskeln hinausging, und an den zahlreichen Enkelkindern aus dieser Ehe nahm sie wenig Anteil. Ihre Schwiegertochter machte offenbar keinen Versuch, sich mit ihrer Schwiegermutter zu conciliieren. Sie wird auch von anderen Zeitgenossen als putzsüchtige, phlegmatische, auf ihr Vergnügen und vor allem auf ihre Abstammung bedachte Frau beschrieben. Ihr Verhältnis zu ihrem Ehemann wird von den Zeitgenossen kaum erwähnt. Madame behauptete, sie habe ihn nicht lieb gehabt. Der Ausspruch, den sie tat, als sie als vierzehnjähriges Mädchen erfuhr, daß sie den Herzog von Chartres heiraten sollte, zeigt, daß ihr daran auch gar nichts lag.

„Mir ist es gleich, ob er mich liebt, mir liegt nur daran, daß er mich heiratet." Aus dem Munde eines halben Kindes klingt dieser Ausspruch erstaunlich. Vermutlich nicht ohne Grund taufte ihr Ehemann sie „Madame Lucifer". Dem Vernehmen nach soll ihr dieser Name nicht mißfallen haben.

Einen Ausgleich für Madame schuf die Ehe ihrer Tochter mit dem Herzog von Lothringen, einem entfernten Verwandten väterlicherseits. Leider sah sie wenig von ihren Enkeln aus dieser Ehe. Sie mußte sich mit Briefen und Bildern begnügen. Eine Reise nach Lothringen, für die Madame die Genehmigung des Königs benötigt hätte, fand er zu teuer. Einige von diesen Enkeln hat sie nie gesehen, weil sie im Kindesalter verstarben. Tochter und Schwiegersohn besuchten sie jedoch in Paris und waren eine Zeitlang zu Gast im Palais Royal. Das war eine große Freude für Madame, und sie berichtete ihrer Tante Sophie begeistert über diesen Besuch.

X.

Obwohl dem Wirken der Maintenon, sowohl zu ihrer Zeit als auch später, in der Literatur viel Raum gewidmet wurde, findet sich kaum ein Versuch, den Anteil der Verantwortung auszuloten, den sie für die dreißig Jahre währende Feindschaft zwischen den beiden Damen trug. Lag es daran, daß ihr Leben sich innerhalb eines wohl abgeschirmten Zirkels vollzog, dem zunächst kein Mitglied des königlichen Hauses angehörte? Ihre Beziehungen beschränkten sich auf die außerehelichen Kinder des Königs, die sie erzogen hatte und auf die sie Einfluß besaß. Dort fand sie die Beachtung, die ihr von den Ebenbürtigen versagt blieb, die sie zwar fürchteten, sie aber niemals anerkannten.

Es ist deshalb nicht erstaunlich, wenn sie häufig als eine sich Madame gegenüber völlig neutral verhaltende Dame dargestellt wird. Liebenswürdig, klug, ausgeglichen. Es finden sich Passagen, die man eher bei den Romantikern als bei Historikern vermuten würde. Der Neid und die Mißgunst, mit der sie Elisabeth Charlotte von vornherein verfolgte, werden ignoriert, vor allem aber wird die kindische Eifersucht, mit der sie immer wieder versuchte, Liselottes Beziehung zu ihrem Schwager zu stören und schließlich völlig zu unterbinden, unerwähnt gelassen oder mit einigen nichtssagenden Bemerkungen abgetan. Es finden sich so schöne Sätze wie:

„Bleibt uns auch Liselotte den Beweis eines gegen sie persönlich gerichteten Angriffs der Maintenon schuldig ..."
Oder:
„Das vornehme geistige Übergewicht der französischen Dame reizte ... das leicht erregbare Temperament der Pfälzerin ..."
(Es war wohl nicht so sehr das geistige Übergewicht, das Elisabeth Charlottes Temperament reizte, sondern das sich hinter dieser Fassade verbergende Ränkespiel.)
Oder:
„Unauslöschlich blieb der Haß, für den in Liselottes Herzen auch Frau von Maintenon kein Heilmittel gefunden hat."[78]
Oder:
„Sie war wohl nicht immer eine Heilige gewesen; schon ihre nähere Bekanntschaft mit Ninon de l'Enclos deutet das an, und die arge Chronik jener Zeit berichtet sogar, daß Frau Scarron in Ninons Wohnung ein besonderes Zimmer hatte (das gelbe Zimmer) in welchem sie sich mit ihren Liebhabern unter vier Augen traf. Aber sie war zu tief in die Verstellungskunst eingeweiht, um nicht dergleichen

liebenswürdige Schwachheitssünden in den Schleier des Geheimnisses einzuhüllen, ihre Person mit einem Dunstkreis von Ergebenheit und andächtiger Weltverachtung zu umgeben." [79]
Oder:
„Frau von Maintenon war eine durch und durch kluge Frau. Die erlesenste Gesellschaft, die sie zunächst nur geduldet hatte, deren Liebling sie aber sehr bald geworden war, hatte ihre geistigen Fähigkeiten geschliffen und geschärft und sie zu einer Kennerin der Welt und einer Meisterin des höfischen Lebens erhoben..." [80]
Oder:
„Ihre Briefe beschäftigen sich höchst selten mit der Herzogin von Orléans; und geschieht es ja, in einem solchen Tone, daß man sie eher für eine wohlwollende Beraterin halten könnte, die der irregeleiteten Liselotte durch kluge Ratschläge auf den rechten Weg helfen will." [82]

Es gab auch andere Urteile, zum Beispiel:
„Aus ihrer äußeren Erscheinung – nüchtern, ruhig, selbstbeherrscht und würdig ... ist oft geschlossen worden, daß sie einen starken, zuverlässigen Charakter gehabt habe. Nichts könnte der Wahrheit weniger entsprechen. Sie ließ sich leicht beeinflußen, hatte nur geringe Menschkenntnis und war ... alles andere als eine treue Freundin. Sie begeisterte sich für jemanden und ließ ihn rücksichtslos wieder fallen, wenn es ihr paßte." [83]
Oder: *„Kein Ehepaar paßte schlechter zusammen als Ludwig XIV. und Frau von Maintenon. Sie besaß nicht die Spur von Zärtlichkeit und war nicht einmal eine richtige Frau; ... Ihr Beichtvater mußte sie förmlich zu den ehelichen Pflichten zwingen ... Sie verstand nichts von Kunst und begriff nicht den Sinn des Königs für schöne Gebäude und alles Künstlerische. Auch von Politik verstand sie nichts. Und, was noch schlimmer war, sie gab ihrem alternden Gatten als Defaitistin in den kritischsten Augenblicken die dem nationalen Interesse widersprechendsten Ratschläge."* [84]
Oder:
„Die Niedrigkeit und die Armut, in der die Maintenon so lange hatte leben müssen, hatten sie kleinlich, engherzig und empfindungsarm gemacht. Ihre Gefühls- und Gedankenwelt war in jeder Hinsicht beengt, so daß immer und überall die Frau Scarron und manchmal nicht einmal eine solche zum Vorschein kam. Diese Mischung von Spießbürgertum (der Übersetzer schrieb „Spießbürgerei") und Machtfülle war sehr häßlich. Geradezu gefährlich war jedoch ... ihre Art, mit Freundschaft und Vertrautheit zu spielen." [85]
Diese eher negativen Charakteristiken befassen sich allerdings nicht

mit der Feindschaft zwischen den beiden Antagonistinnen.

Hier soll noch einmal Michael Strich zu Worte kommen. In seinem Buch „Liselotte von der Kurpfalz" stellt er zunächst das ausgeglichene, selbstbeherrschte Wesen und das selbstlose Wirken der Maintenon ausgiebig dar, um dann dazu überzugehen, dieses vorbildliche Verhalten in seitenlanger Kritik mit Elisabeth Charlottes, wie er es nennt, hausbackener, von Lord Fieldings Eklektizismus angekränkelter Philosophie zu vergleichen und schließlich kommentarlos festzustellen, daß sie jedesmal den Preis für das perfide Vorgehen des Königs, Monsieurs und der Maintenon zu zahlen hatte. Das Bild von Rigaud, das sie im grand habit darstellt, läßt nach seiner Auffassung ...

„trotz dekorativer Ausstaffierung mit Hermelin, bourbonischen Lilien, Krone und Perlen das eigentlich Aristokratische vermissen."[86]

Was immer das „eigentlich Aristokratische" auch sein mag, Ludwig Bertrand stellt in seinem Buch „Ludwig der Vierzehnte" das genaue Gegenteil fest. Er spricht hier von einer Ausstellung von Gemälden und Büsten des Königs, die in Versailles stattgefunden hatte.

„Eins der Bilder in der oben erwähnten Ausstellung zeigt ihn (den König) wahrscheinlich so, wie er in seinen letzten Lebensjahren aussah ... Das Bild stellt die Heirat des Herzogs von Bourgogne dar.*
*Siehe S. 66 unten

Hochzeit des Herzogs von Bourgogne; vierte von rechts: Elisabeth Charlotte (A. Dieu, 1697)

Elisabeth Charlotte, Gemälde von Hyacinth Rigaud

Ludwig XIV. empfängt den Kurprinzen von Sachsen.
Unter dem Kronleuchter Elisabeth Charlotte (Louis Sylvestre, 1714)

*Der hohe Großpapa des jungen Ehemannes steht im Vordergrund …
Neben ihm steht Madame (Liselotte von der Pfalz) in großer
Hoftoilette, sicher die am königlichsten aussehende Gestalt der
Versammlung."* [87]

Man muß in der Literatur lange suchen, um ein so positives – und
zutreffendes – Urteil über Madame zu finden. Wenn man dagegen
das Bild „Die Marquise de Maintenon mit ihrer Nichte" von Ferdinand
Elle betrachtet, fragt man sich vergeblich, was Ludwig XIV. wohl
bewogen haben mag, sich mit einer so spießbürgerlich wirkenden
Frau, wie die Maintenon es war, zu liieren und sie angeblich auch
noch zu heiraten. Erlanger meinte dazu:

*„Die Rache der Heiligen Françoise lag darin, dem Großen König
nach und nach die Gewohnheiten des kleinen Spießbürgers
aufzudrängen."* [88]

Die Rache für die wenig rücksichtsvolle Behandlung, die Ludwig
seiner nicht standesgemäßen Gefährtin angeblich angedeihen ließ.

*„Er tat, was er wollte, ohne sie jemals zu fragen, ob es ihr überhaupt
zuträglich war."* [89]

Und was sagten die betroffenen Damen voneinander?

*„Niemahlen ist jemandts so absolutte geweßen, als die Maintenon
ist, aber wie sie ignorant ist und nichts als das bürgerleben verstehet
und doch über alles regieren will, drumb geht alles so überzwerg."*
(Die Bemerkung, daß die Maintenon nur das Bürgerleben verstehe,
scheint mir eine ungewöhnliche Beobachtungsgabe zu verraten …
Wilhelm Weigand, „Der Hof Ludwigs XIV.") [90]

*„Öffentlich oder en face hat sie mir ihr leben nichts verdriesliches
gesagt."* [91]

*„Sie hat Eigenschaften, die sie glücklich machen könnten sie haßt
mich, aber trotzdem werden mir mehr Rücksichten von ihr erwiesen,
als mir zukommen."* [92]

*„Ich begreife, daß die Heirat nicht nach Ihrem Geschmack ist, aber
es bleibt meine fixe Idee, Vernunft zu empfehlen. Nun, da die Sache*

---

*Die Angabe „Hochzeit des Herzogs von Bourgogne" ist offenbar ein Irrtum.
Auf diesem Bild, das 1697 gemalt wurde, steht Madame nicht neben dem König,
sondern rechts, im Kreise ihrer Familie. Auf dem Bild von Louis Sylvestre, das
die Vorstellung des Kurprinzen von Sachsen in Fontainebleau 1714, ein Jahr vor
Ludwigs Tod, darstellt, steht Liselotte im grand habit neben dem König.

nicht mehr zu ändern, sollte sie sich dem König gegenüber von ihrer besten Seite zeigen und das Unabänderliche hinnehmen, um wieder gut mit ihm zu stehen." [93]

„Der König ... hat heute dreimal die Messe gehört und dann Madame besucht. Er blieb eine gute Stunde bei ihr ... Madame geht es sehr gut. Ihre Freude über seine Genesung stand ihr im Gesicht geschrieben. Ich glaube, Sie werden das nicht bezweifeln."
(Dies wurde zu einer Zeit geschrieben, als der Hof sich über Madame lustig machte, weil sie sich – angeblich unbewußt – in ihren Schwager verliebt hatte). [94]

Der falsche Unterton, der in diesen und anderen ähnlichen Bemerkungen der Maintenon unüberhörbar mitschwingt, wird nirgends kommentiert.

Abschließend soll noch eine Passage zitiert werden, die sich mit der Stellung der Frau am Hofe des Sonnenkönigs und der Pariser Frauen im allgemeinen und mit der Maintenon im besonderen beschäftigt. Sie wurde allerdings erst ein Jahrhundert später geschrieben:

„Der Frau unterwerfen sich Literatur und Kunst – ... Nachdem sie die leitenden Kräfte der Politik gewesen ... unternehmen (sie) es, die zum Teil noch von Zügen der Barbarei verunstalteten Sitten zu reformieren ... Der Hof liegt ihnen zu Füßen wie die ganze Stadt; und an jenem Tage, da die Witwe Scarron das Lager des Königs teilte, ward in dieser Frau, die auf der Höhe einer unvergleichlichen Tugend stand, ihr ganzes Geschlecht durch die Hand Ludwigs XIV. gekrönt." [95]

Das Verhalten Madames der Maintenon gegenüber ist allgemein bekannt. Unklugerweise hatte sie selbst dafür gesorgt, daß es nicht verborgen blieb. Allerdings konnte sie nicht ahnen, daß ihre Briefe erhalten blieben und auf die Nachwelt übergingen. Ihre Tante Sophie, die die Briefe offensichtlich aufbewahrte, obwohl sie ihr nach eigenen Aussagen nicht sehr wichtig vorkamen, hätte eigentlich wissen dürfen, daß sie, wenn sie in fremde Hände kämen, ihrer Nichte schaden würden.

Auf dem Parkett unterlag Madame der Etikette, in ihren Briefen schuf sie sich einen Ausgleich. Ihre mit der Zeit immer schärfer werdende Kritik am Hofleben, vor allem aber an der Maintenon, war das Ventil für die von ihr als erdrückend empfundene Atmosphäre, der sie ausgesetzt war. Sie wußte, daß ihre Post von der Zensur geöffnet und von der Maintenon gelesen wurde; oft genug wird dies in ihren Briefen erwähnt. Bemerkungen wie *„das ist der feder nicht zu vertrauen"* oder ... *„ist es besser, daß ich von diesem text still-*

schweige…" tauchen in ihren Briefen immer wieder auf. Trotzdem konnte oder wollte sie auf die Möglichkeit, ihre Enttäuschung und ihren Groll in derben Worten zu äußern, nicht verzichten. Die Grenze des Erträglichen für die Ungerechtigkeiten ihres Gemahls und der übrigen königlichen Familie war offensichtlich überschritten. In einer Umgebung, in der nach ihren Worten *„falschheit vor verstand und aufrichtigkeit vor einfalt"* passierten, darf diese Haltung auch als eine Art Notwehr verstanden werden. Auf den Rat ihrer Tante, die Fehler anderer zu übersehen, antwortete sie am 24. März 1701:

„Es ist recht und billig, wie Euer Liebden sagen, daß wir menschen einer des anderen fehler ertragen müssen; auch versichere ich Euer Liebden, daß ich manche vertrag. Es wäre nur zu wünschen, daß die, deren schwachheit ich vertrage, die meine auch ertragen wollten." [96]
Ein weiser Ausspruch!

Karl Kollnig sinnt in seinem Buch „Liselotte von der Pfalz, Herzogin von Orléans", ebenfalls über diese Frage nach:

„Wenn man sich das Leben Liselottes am französischen Hof vergegenwärtigt, die Anfeindungen, Intrigen und Kontrollen, denen sie ausgesetzt war, gewinnt man den Eindruck, daß ihr, die deutsche Sprache und gerade auch die pfälzische Mundart so etwas wie einen Schutzmantel bildeten, unter dem sie ihre Eigenart, ihre personale Identität, bewahren konnte." [97]

Helmuth Kiesel, der Herausgeber eines Teils ihrer Briefe, schrieb zum gleichen Thema:

„Und in der Tat gestaltete sich das Leben dieser deutschen Kurfürstentochter am französischen Hof zu einer dreifachen Misere: einer politisch-nationalen, einer moralischen und einer spezifisch weiblichen. Elisabeth Charlotte war ein Opfer der Politik und der höfischen Gesellschaft." [98]

In diesem Zusammenhang soll auch auf die Redewendung *„dem König die augen öfnen"* eingegangen werden, die Madame mehrmals verwendete und die erhebliches *„Rauschen im Blätterwald"* hervorrief. Auf diese Aussage wird immer wieder hingewiesen und milde lächelnd festgestellt, daß Elisabeth Charlotte jegliche Macht fehlte, um die Maintenon *„aus dem Sattel zu heben"*, wie man es ausdrückte.

Madame wußte sehr wohl, daß sie keinerlei Macht besaß an einem Hof und in einer Gesellschaft, die streng patriarchalisch aufgebaut und in der Macht ein männliches Privileg war. Vielleicht wurde diese Äußerung nur nicht korrekt interpretiert. Liselotte war nicht so vermessen zu glauben, sie könne dem König seine Fehler vorhalten, obwohl es in diesem Falle wohl nötig gewesen wäre, denn Ludwig kann die Augen nicht sehr weit offen gehabt haben, als er sich mit der Maintenon liierte.

Es handelte sich hier lediglich um eine Hypothese, eine Spekulation über die Ursachen, die die feindliche Haltung der Maintenon ihr, Madame, gegenüber erklären könnten. Vielleicht hatte sie trotz aller Dementis nicht ganz unrecht, wenn sie glaubte, die Maintenon fürchte ihren Einfluß auf den König. Niemand wußte besser als sie, wie beeinflußbar der König war, wenn man seine Karten richtig spielte. Sie konnte nicht wissen, inwieweit der König ihr Vorleben kannte oder, besser gesagt, wieviel davon er nicht kannte, denn es ist kaum anzunehmen, daß sie selbst ihn hierüber umfassend und lückenlos aufklärte. Auch wenn Madames offene Reden ihn manchmal verdrossen, so ist es doch unverkennbar, daß er sich ihr wieder näherte, wenn sein Groll verflogen war. Was er von anderer Seite über seine Gefährtin hörte, konnte er negieren. Madame, deren zuweilen peinliche Wahrheitsliebe er kannte, hätte er es womöglich geglaubt. War dieser Gedankengang wirklich so abwegig?

In ihrem Buch „Madame, Mère du Régent" befindet Arvède Barine:
„Wenn Liselotte gewußt hätte, wie wenig sich Madame de Maintenon um sie sorgte und wie selten sie an sie dachte, ihr Leben wäre sehr viel einfacher verlaufen." [99]

Die Tatsache, daß Madame im schriftlichen Nachlaß der Maintenon nur selten erwähnt wird, berechtigt nicht zu dem Schluß, sie habe sich nicht mit ihr und ihrer Familie beschäftigt. Die Charakterbeschreibungen, die in zeitgenössischen Aufzeichnungen über sie zu lesen sind, könnten eher zu der gegenteiligen Ansicht führen. Es sollte den Anschein erwecken, als ob Madame und ihre Familie für ihre Pläne völlig unwesentlich waren. Sie muß sich häufig darüber Gedanken gemacht haben, sonst wäre es ihr kaum gelungen, zunächst die Mutter und später den Sohn völlig zu isolieren. Den Fehler, diese Gedanken schriftlich niederzulegen, hätte sie niemals gemacht. Dazu war sie viel zu schlau.

Madame Barine hat sich viel Mühe gegeben, aus Liselottes Briefen und aus den Memoiren ihrer Zeitgenossen eine Fülle von Beispielen zusammenzutragen, die allesamt beweisen sollen, wie oft sie in ihren Briefen nicht wahrheitsgetreu berichtete und wie ungeschickt und naiv sie ihre Rolle spielte.

Das beginnt mit der Widerlegung so wichtiger Bagatellen, ob Liselotte nun eine „robe de chambre" besessen bzw. getragen hat oder nicht, und endet mit der lapidaren Feststellung, Madame habe an Verfolgungswahn gelitten. Sie zieht z. B. die Memoiren der Herzogin Sophie von Hannover heran, um Liselotte eine Unwahrheit nachzuweisen, obwohl es sich hierbei eher um ein Mißverständnis gehandelt haben muß.

Während ihres Besuchs in St. Cloud hatte Sophie ihre Nichte und Monsieur eines Abends in ihren Räumen überraschend aufgesucht und beide in einer „robe de chambre", wie sie schrieb, angetroffen. In dem Brief, den Frau Barine zitiert, schrieb Liselotte zwar, *„ich habe mein leben keine robe de chambre getragen,"* sie fährt aber fort: *„… ich habe auch in meiner garderobe nur einen entzigen nachtsrock, nur damit aufzustehen und zu bette zu gehen, sonst nichts."* ¹⁰⁰ Diesen „nachtsrock" wird sie bei dem Besuch ihrer Tante getragen haben, und Sophie benutzte dafür das französische „robe de chambre"*.

Aus diesem Irrtum zieht Frau Barine folgenden Schluß:
„Wenn Madame hätte voraussehen können, daß ihre Tante ihre Memoiren schrieb, hätte sie nicht damit geprahlt, niemals im Leben ein Morgenkleid getragen zu haben. Das ist eine ihrer Prätentionen, harmlos zwar, aber sie zeigt uns, was man von den Histörchen Lieselottes zu halten hat (… mais qui nous montre combien il faut se défier des petites histoires de Liselotte)." (S. 163) ¹⁰¹

[* S. 119, „Memoiren d. Herzogin Sophie", herausgegeben v. Dr. A. Köcher]

XI.

Wenn man Elisabeth Charlottes Briefe aus den Jahren 1693 bis 1700 studiert, könnte man glauben, das Schicksal habe sich entschlossen, ihr eine Atempause zu gönnen. Über einschneidende persönliche Ereignisse berichtete sie in dieser Zeit kaum. Gewiß, sie machte sich Sorgen um ihren Sohn, der im Krieg verwundet worden war; sie erfreute sich aber auch an einer Nachricht, die sie durch ihre treue Théobon erfuhr: Ihre Tante Sophie war Kurfürstin geworden. Im Jahr 1693 hatte sie eine schwere Krankheit zu überstehen, erholte sich aber wieder. Es bot sich ihr Gelegenheit, dem Hofleben für ein paar Wochen zu entfliehen und sich in Colombe zu erholen. Wieder daheim, fand sie das alte Leben vor.

Eine Unterbrechung bedeutete die Ankunft der jungen Adelaïde von Savoyen, ihrer Stief-Enkelin, die nach dem Vertrag von Ryswijk dem

Liselotte mit ihren beiden Kindern Philippe (links) und Elisabeth Charlotte

Herzog von Burgund zur Ehefrau bestimmt war. Zunächst sollte sie jedoch ihre Erziehung am französischen Hof beenden. Natürlich war Madame die einzige, die diese Erziehung kritisch betrachtete, was wiederum ihr selbst Kritik einbrachte. Erinnerte sie sich nicht an ihre eigene Jugend? War sie besser erzogen worden als ihre Enkelin? Daß ihre eigene Erziehung streng war, wurde bereits weiter oben belegt. Gerade die Erinnerung daran machte ihr den Unterschied deutlich. Mit der Ankunft der jungen Prinzessin verlor Liselotte ihren ersten Rang bei Hof. Die Ehefrau des 2. Dauphin stand im Rang über der Gemahlin Monsieurs. Nach ihren eigenen Worten zedierte sie diesen Rang *„ganz ohne schmerzen"*. Natürlich wurde das bezweifelt.

Der Marquis de Sourches schreibt in seinen Aufzeichnungen: *„daß sie hier vielleicht nicht alles sagte, was sie dachte,"* und eine andere Autorin fragt:
„Was sie dachte?" und beantwortet ihre Frage gleich selbst:
„…daß die ‚alte Rompompel', um ihr eins auszuwischen, den König zu seiner Entscheidung angestiftet hatte." [102]
An der Rangfolge konnte auch die Maintenon nichts ändern; daß sie bei der Festsetzung des Termins, zu dem der Wechsel eintreten sollte, die Hand im Spiele hatte, ist anzunehmen. Das spielt hier jedoch keine Rolle. Es war vielmehr wohl so, daß an einem Hof, an dem die Höflinge nach immer höheren Rängen und Ehren strebten und keine Intrige zu schmutzig war, um dieses Ziel zu erreichen, eine solche Haltung einfach nicht verstanden wurde. Den Rang der ersten Dame am Hof, den höchsten, den eine Frau erreichen konnte, ohne Schmerzen zu zedieren, überstieg den Horizont dieser Leute.
Madame gewann dem Verlust ihres ersten Ranges sogar noch einen positiven Aspekt ab.

„… ganz Paris sagt, daß, sobald der frieden würde gemacht sein, soll der heirat deklariert werden und die dame ihren rang nehmen. Bin derowegen auch noch froh, die erste nicht zu sein, denn aufs wenigst … werde ich nicht obligiert sein, der dame das hemd und die handschuhe zu präsentieren. Weilen es ja geschehen sollte, wollte ich, daß es schon geschehen wäre, denn alsdann würde alles wieder recht eine form von einem hof werden und nicht so separiert sein, wie alles nun ist." [103]

Dies schrieb sie am 25. November 1696. Vier Jahre später kam sie noch einmal auf die Rangfrage zurück.
„Madame sein ist ein ellendes handwerck, hätte ichs wie die chargen hier im lande verkaufen können, hätte ichs längst feil getragen." [104]
Ob ihr Schwager diesen Brief auch kannte?

Was sie tatsächlich schmerzte, war die Verbannung aus der privaten Sphäre des Königs, die die Maintenon erreicht hatte.
Sie versuchte, sich mit positiven Dingen zu beschäftigen. Noch immer ritt sie auf die Jagd, und im Juli 1697 erlitt sie einen Unfall. Ihr Pferd glitt aus, sie stürzte und verstauchte sich den Arm. Er wurde von einem Bauern eingerichtet und heilte, ohne Beschwerden zu hinterlassen.

Ihr Gemahl hatte ihr und ihrer Tochter offen gesagt, daß er nun, da er alt werde, die Zeit nutzen müsse, um sich zu amüsieren und sein lästerliches Leben fortzuführen. Sie nahm es hin, ohne zu klagen. Was hätte sie auch ändern können? Monsieur hatte sie dazu ver-

Liselotte auf der Jagd, zeitgenössische Darstellung

dammt, das Leben einer Witwe zu führen. Am 15. Mai 1695 schrieb sie: *"Wenn es wahr ist, daß man wieder jungfer wird, wenn man in langen jahren bei keinem mann schläft, so muß ich wieder eine jungfer geworden sein, denn seyder 17 jahren haben mein herr und ich nicht bey einander geschlafen ..."* [105]

Man sollte Elisabeth Charlottes Briefe nicht nur oberflächlich durchsehen, weil man vieles unter „uninteressant" einordnet; man muß es auch verstehen, zwischen den Zeilen zu lesen. Weiter oben wurde bereits darauf hingewiesen, daß ihre Ehe nicht so verlief, wie sie es sich gewünscht hätte. Monsieur hatte die eheliche Gemeinschaft aufgehoben und sich endgültig seinem Favoriten zugewandt. Daß sie sich noch viele Jahre später über diese Trennung äußerte, zeigt, daß sie dem Scheitern ihrer Ehe nicht so indifferent gegenüberstand, wie dies in der Literatur dargestellt worden ist.

Der eine oder andere ihrer Biographen beschäftigt sich mit der Frage, wie Elisabeth Charlotte der Homosexualität gegenüberstand. Bevor sie an den französischen Hof kam, mag sie Andeutungen über derartige Sitten gehört haben. Mit Sicherheit hatte sie solche aber nicht beobachten können.

Wenn eine junge Frau bemerkt, daß sie ohne ihr Wissen einem homosexuellen Mann angetraut worden ist, muß das zunächst wie ein Schock wirken. Nicht im heutigen Sinne von „schockiert sein", sondern als lähmender Schreck, der schwer zu überwinden ist. Wann Elisabeth Charlotte entdeckte, daß Monsieur homosexuell war, ist nicht festzustellen. Denkbar wäre es, wenn sie beim ersten Anblick Monsieurs in der Nähe von Châlons eine Ahnung überkam, daß mit dem parfümierten, aufgeputzten, geschminkten, auf hohen Absätzen einherstolzierenden königlichen Prinzen etwas nicht in Ordnung war. Ihr Vater oder gar die Gonzaga hatten sie gewiß nicht darüber aufgeklärt.

Natürlich gab es Homosexualität damals auch in Deutschland. Einige deutsche Fürsten, darunter Friedrich der Große, sind ihrer verdächtigt worden. Aber das blieb verborgen, während man am Hofe Ludwigs XIV. kein Hehl daraus machte. Wenn der König auf dringende Vorstellungen hin, diesem Laster Einhalt zu gebieten, gesagt haben soll, *„dann müßte ich bei meinem Bruder anfangen"*, so zeigt das deutlich, wie man darüber dachte.

Wenn Elisabeth Charlotte sich in ihren Briefen mit diesem Thema auseinandersetzte, so folgte sie damit gewiß nicht ihrem Gefühl, sondern ihrem Verstand. Sie schrieb, sie habe ihrem Mann erklärt, sie finde sein Leben nicht übel. Daß er es ihr nicht glaubte, wie sie selbst sagte, beweist nur, daß sie es in dem Bestreben tat, ihre Beziehung zu Monsieur erträglich zu gestalten. In seinen Ohren mußten ihre Worte unglaubhaft klingen, denn Verständnis für seine Lebensführung konnte er kaum von ihr erwarten. Wenn man Liselottes Äußerungen zu diesem Thema allerdings allein unter finanziellen Aspekten betrachten möchte oder ihr gar unterstellt, sie fände, die Verteidiger der Homosexualität *„hätten gar nicht so unrecht"*, so ist dem nicht zuzustimmen. Es mag zwar zutreffen, daß sich ihr Ärger über Monsieurs Verschwendungssucht zu ihrer Abneigung gegenüber seinen sexuellen Praktiken gesellte; sie hat die Homosexualität aber immer als Laster bezeichnet, obwohl ihr als Frau eines Homosexuellen in ihren Äußerungen zu diesem Thema enge Grenzen gesetzt waren.

XII.

Am Mittwoch, dem 8. Juni 1701, fuhr Monsieur nach Marly, um mit seinem Bruder zu Mittag zu speisen. Danach fuhr er nach St. Germain, wo er dem König und der Königin von England seine Aufwartung machte. Abends gegen neun Uhr traf er wieder in St. Cloud ein und wollte anschließend zu Abend essen. Madame zog es vor, in ihren Gemächern zu bleiben, da sie ein viertägiges Fieber gehabt hatte und sich nicht wohl fühlte.
Eine halbe Stunde später erschien Frau von Ventadour, Liselottes Ehrendame, und berichtete, Monsieur befinde sich schlecht.
„… Ich lief gleich in Ihro Liebden kammer; sie kannten zwar wol, konnten aber nicht reden, daß man es verstehen konnte, …" [106]
Diesem Zusammenbruch war am Mittag eine Auseinandersetzung mit seinem Bruder vorangegangen, die Madame nicht erwähnt, und von der sie offensichtlich nichts wußte. Ludwig mißfiel das Verhalten des Herzogs von Chartres, Monsieurs Sohn, gegenüber seiner Gemahlin (Ludwigs Tochter von der Montespan). Er sei ihr untreu, und wenn er sich schon eine Mätresse halte, solle er dies wenigstens vor seiner Gemahlin verbergen. Philippe wurde wütend und warf seinem Bruder dessen eigene Eskapaden vor, die er weder vor den Augen des Hofes noch vor seiner Gemahlin verborgen hatte. Die Brüder gerieten in eine immer hitziger werdende Debatte, und bei Monsieur scheinen alle Dämme gebrochen zu sein. Er schrie seinem Bruder alle Demütigungen, die er erlitten hatte, ins Gesicht und warf ihm vor, er trage selbst die Schuld an dem Verhalten seines Sohnes, weil er ihn nicht seiner Begabung entsprechend mit einem Kommando oder einem Gouvernement betraut und ihn zu einer Mißheirat gezwungen habe. Man habe ihm, Monsieur, vorausgesagt, daß diese nur Schande über sein Haus und keine Vorteile bringe. Wenn Monsieur hier von „man" sprach, so kann es sich doch nur um Madame gehandelt haben. Sein Favorit und dessen Anhang sowie der Erzieher des Prinzen, Dubois, waren gekauft worden, um dem jungen Herzog von Chartres diese Mesalliance schmackhaft zu machen und seine Einwilligung zu erlangen. Sie kann er also kaum gemeint haben. In seiner Wut bestätigte Monsieur Madames Worte, die ihm – viel zu spät – zu der Einsicht verholfen hatten, daß sie vorausschauender gewesen war als er selbst.
Einer der Höflinge, die im Vorzimmer anwesend waren, machte den König darauf aufmerksam, daß dort jedes Wort zu verstehen war. Als der Streit jedoch in gedämpfterem Ton fortgesetzt wurde,

meldete man den Brüdern, das Essen sei aufgetragen. Monsieur begab sich mit hochrotem Kopf und zornigem Gesicht zu Tisch, wo er, wie gewöhnlich, eine große Mahlzeit zu sich nahm, was seine Situation keineswegs verbesserte. Beim Abendessen in St. Cloud begann er plötzlich, unverständlich zu sprechen, und fiel auf seinen Sohn, der ihn auffing. Monsieur hatte einen Schlaganfall erlitten, von dem er sich nicht mehr erholte. Er verschied am Mittag des folgenden Tages.

In seinen Memoiren gibt Saint-Simon eine ausführliche Beschreibung von der Aufregung, die während der kurzen Krankheit bis zum Tode Monsieurs in St. Cloud herrschte.

War es Absicht oder handelte es sich nur um ungenaue Berichterstattung, wenn er Madame, die hierbei die Hauptbetroffene war, mit keinem Wort erwähnte? Erst am nächsten Tag, nachdem ihr Gemahl verschieden war, widmete er ihr zwei Sätze:
„Madame hielt sich während dieser Zeit in ihren Gemächern auf.[6]*) Sie hatte nie besondere Zuneigung noch große Achtung für ihren Gatten gehabt, aber sie empfand den Verlust und ihren tiefen Sturz, und in ihrem Schmerz schrie sie aus vollem Halse: Kein Kloster! man spreche mir nicht vom Kloster! Ich will nicht ins Kloster!"* [107]

Der Zusatz *„aber sie fühlte den Verlust und ihren tiefen Sturz "* widerspricht ungenauer Berichterstattung. Was Saint Simon allerdings mit diesem *„tiefen Sturz"* sagen wollte, ist nicht ganz erklärlich. Ihren ersten Rang hatte Madame seit langem verloren. Einfluß oder gar Macht hatte sie nie besessen und offenbar auch nicht gesucht.

In diesem Zusammenhang sei an ihre Briefe erinnert, die sie betreffs ihrer Anwartschaft auf den englischen Thron an ihre Tante Sophie und an ihre Schwester Amalie Elisabeth schrieb. Diese Briefe werden von ihren Biographen selten – wenn überhaupt – erwähnt. Am 17. April 1701, zwei Monate vor Monsieurs Tod, schrieb sie an ihre Tante Sophie:
„ … Ich erfreue mich nun, daß ich hier und katholisch bin, damit ich Euer Liebden kein obstacle an der kron sein kann … " [108]

---

[6])Hier fügte der Herausgeber der Memoiren Saint-Simons, Boislisle, eine Fußnote an: *„Was Madame betraf, so ließ der König sie einen Augenblick nach seiner Ankunft in St. Cloud in ihr Appartement führen."* (Mémoires de Sourches, p. 75).

und am 4. November des gleichen Jahres an Amelise:
"Ich versichere Euch, liebe Amelise, daß ich ganz und gar keine Ambition habe und nichts weniger wünsche, als Königin zu sein …" [109]

Nachdem sie Witwe geworden war, scheint die Frage ihrer Anwartschaft auf den englischen Thron wieder aufgelebt zu sein. Ihre Halbschwester Louise, die durch ihren Schwager Beziehungen zu England besaß, scheint sie darauf angesprochen zu haben. Ihrer Tante schrieb sie, weshalb sie keine Königin sein wollte:
"Königin zu sein könnte mich nicht so sehr vergnügen … das königliche leben ist zu gezwungen, um freude geben zu können."
Weshalb versuchte sie nicht, für sich und ihren Sohn, der ein Bewunderer Englands war, ihre Rechte geltend zu machen? Welche Frau in ihrer Situation hätte gezögert, diese Gelegenheit zu ergreifen? Die Rückkehr zum Protestantismus wäre kein Problem gewesen. Elisabeth Charlotte hatte keine solchen Ambitionen. Soll man sagen – leider? Ihre Tante Sophie, die auf die Achtzig zuging, beschäftigte sich dagegen in ihren späten Briefen vorwiegend mit ihrer englischen Thronfolge, die ihr nur zufällig zugefallen war. (Es gibt auch Stimmen, die dies nicht dem Zufall zuschreiben.) Sophies Briefe an ihre Nichte Louise sind angefüllt mit Klagen über die englische Königin Anna, die sie weder nach England einlud noch ihr die finanziellen Zuwendungen zukommen ließ, die ihr ihrer Ansicht nach zustanden.
Nein, hier irrte Saint-Simon. Elisabeth Charlotte fehlte jeglicher Ehrgeiz. Schade? Die Schwägerin Ludwigs des Großen, des Allerchristlichsten Königs von Frankreich, wäre zur protestantischen Königin von England avanciert. Eine kuriose Konstellation!
"Die biedere Fürstin hatte also keineswegs den Verstand verloren, sondern erinnerte sich des Punktes ihres Ehevertrages, demzufolge sie sich als Witwe entweder in ein Kloster zurückziehen oder ihren Aufenthalt im Schloß Montargis zu nehmen hätte," [111]
berichtete Saint-Simon weiter.
Letztere Behauptung wird immer wiederholt. Noch in einem 1986 in Paris erschienenen Buch über die Herzogin von Orléans ist sie zu lesen, obwohl sie von mehreren Autoren dementiert worden ist.
"In der noch erhaltenen Urkunde findet sich keine derartige Bestimmung, die auch aus anderen Gründen nicht glaubhaft wäre."
(Wilhelm Weigand, "Der Hof Ludwigs XIV.") [113]

Van der Cruysse berichtet, er habe den Vertrag eingesehen, aber nichts über eine solche Bestimmung gefunden. (Madame sein ist ein ellendes Handwerck.) [113]

Die Beschreibung des gleichen Ereignisses, die Madame ihrer Tante in ihrem nachfolgend abgedruckten Brief übermittelte, lautet etwas anders.

„Versailles, 12. Juni 1701.
Nun ich von meinem ersten schrecken ein wenig ersetzet bin, kann ich nirgends besser trost in meinem unglück suchen als bei Euer Liebden, welche sein, was mir in der welt am liebsten ist. Ich will also mein herzlieb ma tante alles verzählen. Vergangen mittwoch morgens war Monsieur selig noch ganz frisch und gesund, fuhr nach Marly, aß dort perfekt wohl zu mittag mit dem König. Nach dem essen fuhren Ihro Liebden nach St. Germain, kamen abends um sechs wieder ganz lustig, verzählte uns, wie viel tabouretts er bei der königin in Engelland gesehen. Gegen neun sollte ich zu nacht essen, konnte aber nicht essen, denn ich hatte noch vier stund das fieber gehabt. Monsieur selig sagte zu mir: «Je m'en vais souper et ne ferai pas comme vous, car j'ai grand appétit», geht damit an tafel. Eine halbe stund hernach höre ich ein geras, sehe madame de Ventadour bleich wie der tod in meine kammer kommen; die sagt: «Monsieur se trouve mal.» Ich lauf gleich in Ihro Liebden kammer; sie kannten zwar wohl, konnten aber nicht reden, daß man es verstehen konnte. So viel konnte ich nur hören: «Vous êtes malade, allez chez vous en!» Man hat Ihro Liebden dreimal zur ader gelassen, elf unzen émétique geben wasser von Schaffhausen, gouttes d'Angleterre zwei bouteilles voll, aber nichts hat geholfen. Gegen sechs morgens hat es sich ganz zum end gedrehet. Da hat man mich aus der kammer mit gewalt geschleppt, war wie ohnmächtig. Man legte mich zu bett, ich konnte aber nicht im bett bleiben, stund auf, und wie ich in freud und leid allezeit an Euer Liebden gedenke, so war auch mein erster gedanke, an Euer Liebden zu schreiben; ich weiß aber nicht, was ich Euer Liebden gesagt habe. Nachdem ich Euer Liebden brief weggeschickt, kam der König zu mir, war auch sehr touchiert, tat doch seinen möglichen fleiß, mir trost einzusprechen, erwies mir viel gnade. Madame de Maintenon war auch sehr touchiert und sprach mir zu. Der König fuhr weg. Um zwölf verschied Monsieur. Ich setzte mich gleich in kutsch und fuhr her. Der König schickte mir monsieur le Premier, um zu fragen, wie ich mich befinde. Der schrecken hat mir das fieber vertrieben."

Auch wenn man in Rechnung stellt, daß Eigenberichte naturgemäß subjektiv sind, so klaffen diese beiden Versionen doch allzuweit auseinander.

Der Showdown

XIII.

Drei Tage nach Monsieurs Tod kam es zu einer Auseinandersetzung zwischen Elisabeth Charlotte und Madame de Maintenon.
Auch hierüber liegen zwei Berichte vor: Einer von Madame und einer von Saint-Simon.
Hier zunächst der Bericht, den Madame ihrer Tante Sophie von diesem Ereignis gab:

„Madame de Maintenon ließ mir durch meinen sohn sagen, daß es jetzt die rechte zeit wäre, mich mit dem König zu versöhnen. Hierauf habe ich meine reflexionen gemacht und mich erinnert, wie oft Euer Liebden mir geraten, zu suchen, mich mit dieser dame selbst zu versöhnen: derowegen habe ich den duc de Noailles gebeten, dieser dame von meinetwegen zu sagen, daß ich so touchiert wäre von aller freundschaft, so sie mir in meinem unglück bezeugt, daß ich sie bäte, doch die mühe zu nehmen, zu mir zu kommen, denn ich dürfte nicht ausgehen. Dieses hat sie gestern um sechs getan. Ich habe ihr gleich wiederholt, wie content ich von ihr wäre und begehre ihre freundschaft, habe ihr auch gestanden, daß ich übel zufrieden mit ihr gewesen, weilen ich gemeint, daß sie mir des Königs gnaden entzogen und mich gehaßt hätte, daß ich es auch von madame la Dauphine erfahren, wolle aber gerne alles vergessen, wenn sie nur meine freundin sein wollte. Hierauf hat sie mir viel schönne und eloquente sachen gesagt und ihre freundschaft versprochen und wir haben uns embrassiert. Hernach habe ich ihr gesagt, es wäre nicht genung, daß sie mir entboten, daß der König mir ungnädig wäre, sie müßte mir auch sagen, wie ich wieder in gnade kommen könnte. Darauf hat sie mir geraten, ganz offenherzig mit dem König zu sprechen, selber gestehen, daß ich sie gehaßt hätte, weilen ich gemeint, daß sie mir bös office bei dem könig täte, auch warum ich bös über den König gewesen. Diesen rat habe ich gefolgt, und wie mir Monsieur gesagt hatte, daß der König auch bös wäre, daß ich Euer Liebden zu offenherzig schreibe, habe ich auch diesen artikel traktiert und gesagt, daß dies Ihro Majestät nicht müßte wunder nehmen, daß Euer Liebden die person von der welt wären, an welcher ich am meisten attachiert wäre ... daß ich Euer Liebden mein herz zu allen zeiten öffnete und daß, so lang Ihro Majestät mir dero gnaden erzeigt, hätte ichs Euer Liebden gerühmt, da Ihro Majestät mich übel traktiert, hätte ich Euer

Liebden geklagt und könnte nie anders vor Euer Liebden sein. Der König sagte, er wüßte nichts von meinen briefen, hätte keinen gesehen, es wäre nur eine einbildung von Monsieur gewesen. Er finde nicht übel, daß ich Euer Liebden als eine mutter ehrte und liebte; aber Euer Liebden haßten ihn. Ich sagte, Euer Liebden adimirierten allezeit seine großen qualitäten, allein wenn es Ihro Majestät beliebte, würden sie auch von Euer Liebden geliebet werden. Nachdem ich Ihro Majestät alles ausgelegt und klar gewiesen, daß, so übel sie mich auch traktiert, ich sie doch jederzeit respektieret und geliebet hätte, ja allezeit große freude gehabt, wenn sie mich nur bei sich leiden wollen, da hat mich der König embrassiert, gebeten das vergangene zu vergessen, und hat mir seine gnade versprochen, lachte auch, wie ich ganz natürlich zu ihm sagte: «Si je ne vous avais pas aimé je n'aurais pas tant haï madame de Maintenon, croyant qu'elle m'ôtait vos bonnes grâces.» Endlich hat sich alles gar gnädig geendet. Ich habe zu Ihro Majestät gesagt, daß, wie dies der einzige trost in meinem unglück wäre, so könnte ich nicht lassen, Euer Liebden solches heute zu berichten, welches Ihro Majestät approbiert haben. Heute werde ich noch einen betrübten tag haben, denn um drei wird der König wieder hereinkommen, um Monsieurs selig testament zu öffnen, welches mich greulich jammer und schmerzen wird.

Nach dieser Beschreibung nahm Madame als erste das Wort und äußerte das, was sie sich in ihren „*reflexionen*" vorgenommen hatte. Hierauf sagte ihr die Maitenon „*viele schönne und eloquente sachen*". Diese Formulierung ist cryptisch. In der Literatur wird sie – dank Saint-Simons Version – so ausgelegt, als ob Liselotte hier nicht die Wahrheit gesagt habe. Die entsprechenden Passagen reichen von „*hier sagte Liselotte einmal nicht die ganze Wahrheit*" bis zu überzogener Kritik wie

„*die arme Liselotte log unverfroren, erbärmlich, in Erinnerung an die Erniedrigung, die sie erduldet hatte und die sie Tante Sophie um keinen Preis gestanden hätte.*"[114]

Man fragt sich verwundert: War Madame 15 oder 50 Jahre alt. Wenn Liselotte hier das Wort „eloquent" verwendete, so heißt das, daß die Maintenon ihr eine Rede hielt. Eine Verteidigungsrede? Ein ganz reines Gewissen kann sie nicht gehabt haben.

Bei dem Wort „eloquent" liegt die Betonung auf reden, redegewandt. Es muß nicht bedeuten, daß Liselotte etwas verbergen wollte. Man kann es auch ganz anders interpretieren. Madame könnte die Redegewandtheit der Maintenon widerstrebend bewundert haben, schrieb sie doch über sich selbst, sie könne nicht gut formulieren. Der Ausdruck taucht auch im Zusammenhang mit ihrem Sohn und ihrer Tante Sophie in ihren Briefen auf. Sie bewunderte eloquente Ausdrucksweise und äußerte sich darüber. Die Maintenon versprach ihr dann ihre Freundschaft, und Madame bat sie um Rat, wie sie beim König wieder in Gnaden kommen könnte. Diese riet ihr angeblich, offen mit dem König zu reden. Das tat sie am folgenden Vormittag, wie sie weiter berichtete. Da sie sich daran erinnerte, daß Monsieur ihr früher gesagt hatte, dem König mißfiele die Offenheit, mit der sie in ihren Briefen über die Verhältnisse an seinem Hof berichtete, nahm sie sich vor, „auch dies article zu tractieren". Nicht der von der Maintenon angeblich vorgewiesene Brief war also der Anlaß zu diesem Entschluß, sondern die Erinnerung an Monsieurs Mahnung.

Vom König erhielt Madame eine merkwürdige Antwort.

„Der König sagte, er wüßte nichts von meinen briefen, hätte keinen gesehen. Es wäre nur eine Einbildung von Monsieur gewesen." [115]
Auch van der Cruysse fällt auf, daß mit diesem ominösen Brief etwas nicht in Ordnung war. Er schrieb:

„Die Passage, die uns über die zwischen den beiden Damen ausgetauschten «schönnen und eloquenten sachen» Aufschluß gibt, wirft ein Problem auf. Saint- Simon scheint nicht bekannt (gewesen) zu sein, daß Madame ... ihrer Tante immer auf deutsch schrieb ... Es ist daher anzunehmen, daß Madame de Maintenon, die kein Wort Deutsch konnte, das Original zeigte und die Übersetzung vorlas. – (Vorlas? Saint-Simon behauptete doch, Madame meinte „beim Anblick und beim Wiederlesen des Briefes, sie müßte vergehen.") – Aber wir wollen uns den Spaß nicht verderben lassen, denn diese glänzende Passage ermöglicht es uns, einen der wohl demütigendsten Augenblicke im Leben Madames mitzuerleben." [116]
In einer Biographie liest sich diese Formulierung eher merkwürdig. Sollte ein Biograph nicht das Für und Wider zweier so widersprüchlicher Versionen sorfältig abwägen, schon deshalb, weil eine weitere Quelle für dieses Ereignis nicht zur Verfügung steht?

Nachfolgend ist Saint-Simons Version wiedergegeben, wie er sie in seinen Memoiren niedergelegt hat. Ein regelrechter showdown, bei dem einer der beiden Teilnehmer schwer verwundet auf dem Schlachtfeld zurückblieb.

„Madame war arg in Sorge wegen der Lage, in der sie sich dem König gegenüber befand. Da jetzt für sie alles auf dem Spiel stand,

hatte sie die Herzogin von Ventadour gebeten, Frau von Maintenon zu besuchen. Diese tat es. Frau von Maintenon ging nicht auf Einzelheiten ein und ließ Madame nur sagen, sie wolle nach der Mittagstafel zu ihr kommen und wünsche, daß die Herzogin von Ventadour als Dritte der Unterredung beiwohne.

Es war am Sonntag, nach der Rückkehr von Marly. Nach dem Austausch der ersten Begrüßungen verließen alle bis auf Frau von Ventadour das Gemach. Dann bat Madame Frau von Maintenon, sich zu setzen, sie fühlte wohl, wie nötig diese Höflichkeit war. Hierauf begann sie über des Königs Gleichgültigkeit während ihrer ganzen Krankheit zu klagen. Frau von Maintenon ließ sie ausreden und erwiderte dann, der König habe ihr aufgetragen, Madame zu sagen, daß ihr gemeinsamer Verlust jeden Groll in seinem Herzen ausgelöscht habe, vorausgesetzt, daß sie künftig mehr Anlaß zur Zufriedenheit gebe als in letzter Zeit. Die wahre Ursache seiner Gleichgültigkeit sei aber nicht allein ihr Betragen bei der Heirat des Herzogs von Chartres gewesen, vielmehr ein andrer, ihm näher gehender Vorfall, den der König während ihrer Krankheit nicht habe berühren wollen. Bei diesen Worten fuhr Madame, die sich sicher glaubte, auf und verwahrte sich dagegen. Sie habe, von ihrem Sohn abgesehen, nie etwas gesagt noch getan, was hätte mißfallen können, und erging sich in Klagen und Rechtfertigungen. Als sie im vollen Zuge war, zog Frau von Maintenon einen Brief aus ihrer Tasche und fragte sie, ob sie die Handschrift kenne. Es war ein Brief von ihrer Hand an ihre Tante, die Herzogin von Hannover, der sie jeden Posttag schrieb.[1] In diesem Schreiben berichtete sie im Anschluß an die Neuigkeiten vom Hofe wörtlich, man wisse nicht mehr, was man über das Verhältnis des Königs zu Frau von Maintenon sagen solle, ob es eine heimliche oder wilde Ehe sei. Weiterhin war sie über die äußeren und inneren Zustände hergefallen und hatte sich über die Notlage des Reiches ausgelassen, wobei sie behauptete, es könne sich nicht mehr erholen. Die Post hatte diesen Brief geöffnet, wie das damals üblich war und heute noch ist, und ihn so stark gefunden, daß sie nicht, wie gewöhnlich, einen Auszug machte, sondern dem König die Urschrift übermittelte. Man kann sich denken, daß Madame beim Anblick und beim Wiederlesen dieses Briefes meinte, sie müsse vergehen. Sie brach in Tränen aus, und Frau von Maintenon hielt ihr in aller Sachlichkeit die Ungeheuerlichkeit ihres Briefes vor, zumal er ins Ausland gehen sollte. Nun begann Frau von Ventadour allerlei zu schwatzen, damit Madame Zeit gewann, sich zu fassen und etwas zu sagen. Ihre beste Entschuldigung war ein Geständnis dessen, was sie nicht mehr leugnen konnte; sie bat um Verzeihung und versprach Reue und Besserung. Als dies erledigt war, bat Frau von Maintenon, Madame möge nun, nachdem sie sich des Auftrages des Königs entledigt habe, auch gestatten, daß sie ihr ein Wort in eigener Sache sage. Auch sie müsse sich beklagen, denn obgleich ihr Madame ehedem die Ehre erwiesen, um ihre Freundschaft zu bitten und sie ihrerseits zu geloben, habe sie seit einigen Jahren ihr Benehmen gänzlich geändert. Madame glaubte gewonnenes Spiel zu haben; sie entgegnete, daß ihr diese Aussprache um so mehr erwünscht wäre, da sie sich ihrerseits über das veränderte Benehmen der Frau von Maintenon zu beklagen habe, die sie plötzlich vernachlässigt und sie schließlich gezwungen habe, ihr fernzubleiben. Frau von Maintenon gönnte ihr ein zweites Mal die Freude, sich in Klagen, Bedauern und Vorwürfen zu erschöpfen; dann gestand Madame, daß sie allerdings angefangen habe, sich von ihr zurückzuziehen, und zwar aus schwerwiegenden Gründen. Darauf äußerte Madame erneute Klagen und das Verlangen, diese Gründe kennenzulernen. Nun sagte ihr Frau von Maintenon, es sei ein Geheimnis, das ihr bis dahin noch nie über die Lippen gekommen sei, obgleich die Dame, der sie versprochen habe, es zu wahren, schon zehn Jahre tot sei, so daß sie längst die volle Redefreiheit gehabt habe. Und nun erwähnte sie eine Unmenge beleidigender Dinge, die Madame der Dauphine[2] über sie gesagt hatte, als sie [Frau von Maintenon] schlecht mit jener stand. Bei diesem zweiten Blitzschlage erstarrte Madame zur Bildsäule. Eine Weile herrschte tiefes Schweigen. Frau von Ventadour nahm ihre Rolle von vorhin wieder auf, um Madame wieder zu sich kommen zu lassen. Diese wußte sich nicht anders zu helfen als beim ersten Male. Sie weinte und schrie, gestand alles ein und bat um Verzeihung. Frau von Maintenon kostete ihren Sieg kalten Herzens gehörig aus und ließ Madame bis zum Leiserwerden reden und weinen und flehentlich ihre Hände ergreifen. Es war eine schreckliche Demütigung für die so hochmütige stolze Deutsche. Zum Schluß ließ sich Frau von Maintenon erweichen, nachdem sie, ihrem Vorsatz gemäß, ihre volle Rache genossen hatte. Die Damen umarmten sich, versprachen, alles zu vergessen, und gelobten einander neue Freundschaft.[3] Frau von Ventadour zerfloß in Tränen, und die Versöhnung ward damit gekrönt,

---

[1] An die Kurfürstin Sophie von Hannover, mit der die Herzogin in vertrautestem Briefwechsel stand.
[2] Der Gemahlin Monseigneurs.
[3] Diese Freundschaft hielt, wie billig, nicht stand; die zahlreichen Ausfälle in den Briefen der Pfälzerin beweisen, was diese von der „alten zott" dachte.

daß Frau von Maintenon auch des Königs stillschweigende Verzeihung versicherte.
Der König, dem weder der Besuch der Frau von Maintenon noch dessen Zweck unbekannt war, ließ Madame ein wenig Zeit, sich zu erholen, und begab sich dann am nämlichen Tage zu ihr, um in ihrer und des Herzogs von Chartres Gegenwart das Testament Monsieurs zu eröffnen.

Wenn man versucht, diese beiden Berichte miteinander zu vergleichen und sie zu analysieren, stößt man auf so viele Ungereimtheiten, daß es unmöglich erscheint, den tatsächlichen Verlauf der Unterredung zu rekonstruieren. Glaubt man Saint-Simon, so suchte Madame de Ventadour, Liselottes Ehrendame, die Maintenon auf und bat um einen Besuch bei ihrer Herrin. Madame schrieb, sie habe den Herzog von Noailles, einen angeheirateten Neffen der Maintenon, gebeten, diese um einen Besuch zu bitten, *„denn ich dörffte nicht ausgehen."*

Saint-Simon vermeidet es, die Quelle seines Wissens anzugeben. Van der Cruysse hält die Damen Clérambault und Théobon für die Zwischenträgerinnen. Er schreibt:

„Es existieren zwei einander ergänzende Versionen von diesem Ereignis: die von Madame, die hier einmal nicht die ganze Wahrheit sagt, und die von Saint-Simon, der dank seiner freundschaftlichen Beziehungen zu der Marschallin de Clérambault und zu Lydia de Théobon ... die Angelegenheit bis ins kleinste Detail kannte." [117]*

Ergänzend? Ein unbefangener Leser müßte glauben, es handele sich um zwei völlig verschiedene Ereignisse!

Was die genannten Informantinnen angeht, so waren diese beiden Damen schon seit langem nicht mehr in Madames Diensten. Monsieur hatte die Théobon 1682 entlassen, weil sie angeblich Liselottes Liebesbriefe beförderte. Die Clérambault hatte er bereits 1679 gefeuert. Der Grund: Sie war Madame zu ergeben. Erst nach dem Tode Monsieurs kehrten die Damen mit Erlaubnis des Königs an den Hof zurück. Hätte Madame sich diesen beiden Damen anvertraut, wie Boislisle vermutet, dann ganz sicher unter dem Siegel der Verschwiegenheit, was sie wohl respektiert hätten. Keine von beiden war jedoch bei der Aussprache zugegen gewesen. Saint-Simon hätte folglich seine Kenntnisse nur aus zweiter, wenn nicht gar aus dritter Hand haben können.

---

* Diese Annahme gründet wahrscheinlich auf der Fußnote Boislisles, des Herausgebers der Memoiren Saint-Simons, Bd. VIII, S. 355 [118]

Auch in seinem Bericht hatte Madame das erste Wort. Aber schon der Beginn weicht erheblich von Madames Absichten ab. Sie hatte sich doch zunächst mit der Maintenon versöhnen wollen. Sie rief sogar die Dauphine als Zeugin an, was sie bestimmt vermieden hätte, wenn sie nicht von deren Loyalität überzeugt gewesen wäre.
In Saint-Simons Version wird diese Absicht nicht erwähnt. Hier beschwert sie sich angeblich über die Gleichgültigkeit des Königs und beim „*Anblick und Wiederlesen dieses Briefes… brach (sie) in Tränen aus… usw.*"
Wieso? Madame wußte seit langem, daß ihre Post geöffnet wurde. In zahlreichen Briefen äußerte sie sich zu diesem Thema. Weshalb hätte sie also dermaßen emotional und unkontrolliert reagieren sollen? Ein solches Verhalten paßt schlecht zu dem Bild, das man aus dem Studium ihrer viele Briefe gewinnt. Es lag ihr nicht, winselnd um Verzeihung zu betteln. Sie war die Tochter ihres Vaters, und es hätte besser zu ihr gepaßt, wenn sie der Maintenon den Brief an den Kopf geworfen hätte. Bedenkt man zudem die Worte des Königs, er wüßte nichts von ihren Briefen, hätte keinen gesehen, so ergibt Saint-Simons Version wenig Sinn; es sei denn, die Maintenon hätte aus eigener Initiative und ohne Wissen des Königs gehandelt. Saint-Simon behauptet aber, Ludwig sei von dem Besuch und von dessen Zweck unterrichtet gewesen.

Auch aus Liselottes Brief an ihre Tante, in dem sie von dem "éclaircissement" mit dem König berichtet, und das Saint-Simon nicht erwähnt, geht hervor, daß Ludwig nichts von der vorangegangenen Versöhnung der beiden Damen wußte. Was Liselottes Briefe betrifft, so könnte er höchstens die ihm vorgelegten oder vorgelesenen Übersetzungen gekannt haben – insoweit sagte er faktisch keine Unwahrheit, wenn er behauptete, keinen von Madames Briefen gesehen zu haben. Diese Übersetzungen waren nach Elisabeth Charlottes Ansicht nicht korrekt. Und in der Tat sind die von Arvède Barine gegebenen französischen Ausdrücke "la vieille guenipe", leichtsinnige Alte, "la vieille ordure", alter Dreck, Unrat, "la vieille gueuse", alte Hündin, oder "la vieille ripopée", alter Kehricht, keine adäquate Übersetzung für die mundartlichen Bezeichnungen, die Liselotte benutzte. Hutzeln sind getrocknete Birnen. Es gibt ein Hutzelweibchen und sogar einen Hutzelmann im deutschen Märchen. Schlump ist die Kerweschlumpel, eine Puppe aus Stroh, die beim Kerweumzug mitgeführt wird. Rumpumpel findet sich in Rumpelstilzchen, einem Zwerg aus dem deutschen Märchen. Der Ausdruck zott, den sie offenbar für Mätresse benutzte – die Mätresse des

Herzogs von Lothringen, ihres Schwiegersohns, bezeichnete sie als „junge zott" – findet sich heute noch als Familienname in Pirmasens und Neustadt in der Pfalz. Alle diese mundartlichen Ausdrücke deuten auf alt, vertrocknet hin. Die Maintenon war fast zwanzig Jahre älter als Madame, eine ganze Generation.
All dies kann keine Entschuldigung sein, es sollte aber in Betracht gezogen werden.
In seinem Büchlein „Bei Hofe weint man nicht", schreibt Kurt Gayer:
„Es hat ganz den Anschein, als ob sich Liselotte ein Vergnügen daraus gemacht hätte, die mit der Briefzensur befaßten Beamten unablässig zu beschäftigen. Liselotte trieb ein gewagtes Spiel, und sie war sich des Risikos bewußt. Sie legte es geradezu darauf an, der König möchte hintenherum erfahren, was man ihm nicht ins Gesicht sagen durfte." [119]

Saint-Simons Bericht, Zweiter Teil;
den man mit „Die Rache der Verkannten" überschreiben könnte.

Madame de Maintenon brachte nun angeblich die Dauphine ins Spiel und beschuldigte sie des Verrats.
Madame müßte klar gewesen sein, daß die Maintenon hier nicht die Wahrheit sagte. Elisabeth Charlotte kannte die Verhältnisse der Dauphine sehr genau und hat auch nach deren Tod und bis zu ihrem eigenen Lebensende von ihr immer als von ihrer Freundin gesprochen. Sie wußte, daß die Maintenon, die seit 1680 2. dame d'atours bei der Dauphine gewesen war, bessere Möglichkeiten gehabt hatte, um das, was sie wissen wollte, zu erfahren. Es war ihr nur zu gut bekannt, daß die Bessola oder Besola, der Dauphine bayerische Kammerfrau, der Maintenon alles, was zwischen ihr und Maria Anna gesprochen wurde, hinterbrachte.
„Daß die Dauphine ihre Besola lieber als ihren Herrn gehabt, da wollte ich nicht vor schwören, und die war es wohl nicht werth, hat ihre Fürstin alle tage bei der Maintenon verkauft und betrogen. Ich habe sie oft treulich gewarnet, hat mir aber nicht glauben wollen. Den 28. April 1719." [120]
Am 8. Oktober 1720 kam Madame nochmals auf dieses Thema zurück.
„Die Besola hat die arme Fürstin verkauft und veraten … die Besola, die jaloux von mir war, und auch böse, weil ich die Dauphine gewarnt hatte, auf die Besola acht zu geben, denn ich wußte, daß sie heimliche conferencen mit der Maintenon gehabt hatte." (Hans F. Helmolt, Elisabeth Charlottens Briefe an Caroline von Wales) [121]

Als die Dauphine sich einmal der Maintenon gegenüber verteidigte, fuhr die sie an: Das sind nicht Ihre eigenen, sondern die miserablen Argumente Madames. Als die Dauphine wissen wollte, was die Maintenon gegen ihre Freundin zu sagen habe, bekam sie keine Antwort.

Es gibt aber noch einige andere Indizien, die gegen Saint-Simons Version sprechen. Auf ihrem Sterbebett hatte die Dauphine Madame ihren kleinen Sohn, den Herzog von Berry, ans Herz gelegt. Diese schrieb später, sie habe den kleinen Jungen geliebt wie ihr eigen Kind, und sie war sehr enttäuscht, als sich der Herzog von Berry später von ihr abwandte. Wenn die Dauphine ihre Freundin tatsächlich an die Maintenon verkauft hätte, wäre Madame dem Herzog von Berry nicht so zugetan gewesen.

Nur fünf Jahre später, am 2. August 1706, vermachte Elisabeth Charlotte in ihrem Testament den gelben Diamantring, den ihr die Dauphine als Andenken hinterlassen hatte, ihrer Tante Sophie mit den Worten:

„... weil ich wünsche, daß dieser ring, den eine so teure hand mir gegeben hat, von der hand getragen werde, die mir die teuerste war." (Arlette Lebigre, „Liselotte von der Pfalz") [122]

Und noch einmal, am 15. Oktober 1718, an Lousie:

„ ... undt unterdeßen, daß mademoiselle undt meine damen eßen, winde ich meine uhren auff, endere von ring. Ahn der lincken handt trag ich einen auß obligation undt werde ihn all mein leben tragen zur gedachtnuß meiner lieb bayerischen dauphine, die mir einen gelben demant deßwegen gelaßen. Were ich vor l. L. s. gestorben, hette sie einen von meinen ringen all ihr leben lang getragen. Ich bin, seyder ich ihn habe, nur zwey zeitten geweßen, ohne ihn zu tragen, nehmblich in den kinderblattern undt wie ich den ahrm verrengt hatte." [123]

Spricht man so von dem Geschenk eines Menschen, dem man die *„demütigendsten Augenblicke im Leben"* verdankt?

Auch der chronologische Ablauf der Geschehnisse ist in Saint-Simons Version nicht korrekt angegeben. Er schrieb:

„Der König, dem weder der Besuch der Frau von Maintenon noch dessen Zweck unbekannt war, ließ Madame ein wenig Zeit, sich zu erholen, und begab sich dann am nämlichen Tag zu ihr, um ... das Testament Monsieurs zu eröffnen." [124]

In ihrem Brief gibt Madame die Zeit für die Auseinandersetzung mit der Maintenon mit sechs Uhr nachmittags an. Die mit dem König

fand am folgenden Vormittag statt, denn im Anschluß an die Beschreibung über deren Verlauf sagt sie:
„Heute werde ich noch einen betrübten tag haben, denn um drei wird der König wieder hereinkommen, um Monsieur selig testament zu öfnen." [125]

Saint-Simon war Elisabeth Charlotte nicht gewogen. Einst hatte er versucht, den deutschen Pfalzgrafen von Zweibrücken an der Tafel des Königs von dem ihm zustehenden Platz zu verdrängen. Madame hatte ihn daraufhin *„braff beschyeden"*. Alles lachte, und Saint-Simon, der auf seinen (sehr jungen) Herzogtitel maßlos stolz war, hatte sich beleidigt zurückgezogen, Madame den Rüffel aber nie vergessen. Seitdem waren Jahre vergangen. Seine Ansicht über *„die hochmütige und stolze Deutsche"* hatte sich nicht geändert. (Von Monsieur, seinem Landsmann, erzählt er hingegen: *„Monsieur war im höchsten Maße stolz, aber nicht hochmütig."*) Und die Genugtuung, die er über die Madame angeblich von der Maintenon zugefügte Demütigung empfand, schimmert deutlich durch die Worte, mit denen er seinen Bericht schloß. Es schimmert aber noch etwas anderes hindurch: Seine Berichterstattung über Madame ist als Quelle mit Vorsicht zu benutzen. Leider scheint gerade seine Version von dieser Aussprache, so anfechtbar sie in einigen Punkten auch sein mag, noch immer als das Non plus ultra betrachtet zu werden. Auch den Schlüssen, die Saint-Simon aus anderen Ereignissen zieht, kann man nicht immer vorbehaltlos zustimmen. Er schildert z. B. die Episode am Karpfenteich in Marly, wo Ludwig von der Fehlgeburt erfuhr, die die Herzogin von Burgund erlitten hatte.
Wenn dieser Vorfall sich tatsächlich so ereignet haben sollte, wie Saint-Simon ihn beschreibt, und falls der König die Worte wählte, die Saint-Simon ihm in den Mund gelegt hat, kann man zu ganz anderen Schlüssen kommen. Ludwig sprach von den Ärzten und den Matronen, deren Warnungen seine Pläne durchkreuzt hatten. Der Ausdruck "matrones" kann die gleiche Bedeutung haben wie im Deutschen. Er kann aber auch „Hebammen" heißen. Zwar merkt Boislisle in einer Fußnote an, der Ausdruck "matrones" im Sinne von Hebammen sei nur als "terme de pratique" gebräuchlich; trotzdem ist er in einigen deutschen Übersetzungen zu lesen.
Mit den „Einwendungen der Matronen" kann doch wohl nur Madame de Maintenon gemeint gewesen sein. Welchen anderen Matronen hätte der König wohl Einfluß auf seine Entscheidungen eingeräumt? Offensichtlich litt er mehr unter den weinerlichen Tiraden seiner Gefährtin, als er dies nach außen erkennen ließ. Auch seine Worte

„man wird mich in Ruhe lassen" deuten darauf hin. Die traurige Nachricht war ein Ventil für den Druck, unter dem er seit geraumer Zeit gestanden haben muß. Die zur Schau getragene Liebe war offenbar nicht so groß, wie er es seine Umgebung glauben machte. Der Kontrast zwischen der exzentrischen Montespan und der beherrschten Maintenon hatte ihn zunächst fasziniert. Mit der Zeit war sie ihm zur Last geworden. Die Phantasielosigkeit und die frömmelnde, schulmeisterliche Art seiner Gefährtin, der es überall zog und die keine einzige seiner Interessen teilte, all das muß auf die Dauer schwer zu ertragen gewesen sein für einen Mann, der bislang keiner Frau, nicht einmal seiner von ihm verehrten Mutter, eine so weitgehende Einmischung in seine Lebensführung gestattet hatte. Bereute er seinen Entschluß? Vielleicht. Ein solcher Ausbruch entspringt nicht nur einem Moment der Enttäuschung. Auch die Bemerkung, es sei ihm gleichgültig, wer von seinen Enkeln ihm auf dem Thron folge, und daß der Herzog von Berry noch jung genug sei, um Kinder zu haben, ist merkwürdig. Es war ihm ganz sicher nicht gleichgültig, wer sein Lebenswerk fortführen würde, und auf die Zukunft kann man nicht bauen, wie der frühe Tod des Herzogs dann auch zeigte. Die Nachricht von der Fehlgeburt war offensichtlich der Auslöser für den Ausbruch der aufgestauten Unzufriedenheit.
Bei Saint-Simon findet sich nichts von solchen Überlegungen. Sein Resümee:
„Ich meinerseits beobachtete mit Augen und Ohren alle diese Leute und stellte mit Genugtuung fest, schon lange vorher den König so beurteilt zu haben, daß er niemand liebte und schätzte außer sich selbst und sich selber Ziel und Ende war." [126]
Ludwig XIV. war ganz sicher kein Altruist. Wenn sich diese Szene aber tatsächlich in der geschilderten Weise abgespielt haben sollte, ist der Ausbruch kaum anders zu erklären als mit einem widerwillig ertragenen Zwang, unter dem er schon seit geraumer Zeit gestanden haben muß.
Und war er auch kein Altruist, so war er doch der geborene Schauspieler. Vielleicht gehörte es zu seinem Image, am Ende seines Lebens eine Frau gefunden zu haben, die in den Augen seiner Umgebung die große Liebe verkörperte. Denkbar wäre es aber auch, daß er den Bekehrungseifer der Maintenon für Liebe hielt. Keine seiner Mätressen oder gar seine Ehefrau hatten je soviel persönliches Interesse für sein Seelenheil gezeigt wie sie.

XIV.

Elisabeth Charlotte hatte geglaubt, sich in den letzten drei Jahren ihrer Ehe eine gewisse Stabilität in ihrer Beziehung zu Monsieur erkämpft zu haben. Die Eröffnung des Testaments* zeigte ihr, daß sie sich irrte. Monsieur hatte Annäherung offenbar nur geheuchelt, aber nichts unternommen, um seine Gemahlin finanziell abzusichern. Das Testament bestimmte seinen Sohn zum Alleinerben, seine Gemahlin war darin nicht erwähnt.
Es ist verständlich, wenn er ihr keine Preziosen vermachte. Es ist aber unverständlicn, weshalb er nicht in den letzten Jahren seines Lebens eine Stiftung ins Leben rief oder den Alleinerben verpflichtete, die Mutter finanziell abzusichern.
Die Ehe war für ihn eine lästige Pflicht gewesen, der er sich nicht hatte entziehen können. Trotz aller Schikanen, denen Elisabeth Charlotte ausgesetzt gewesen war, hatte sie versucht, das Beste aus einer Situation zu machen, in die sie beide wider Willen geraten waren. Monsieur hatte dazu keinen Beitrag geleistet.

In seiner psychischen Entwicklung zurückgeblieben, war dieser schwache und leicht beeinflußbare, zur Intrige neigende Mensch nicht erwachsen geworden. Er verspielte und vertat sein Leben zur Genugtuung seines Bruders, der nichts unterlassen hatte, ihn in diesem Zustand zu erhalten. Madame hatte das früh erkannt.
„Wie Monsieur in seiner jugend gewesen, so seynd Ihro Liebden noch",
schrieb sie an ihre Tante.
Trotz dieser Erkenntnis hat der letzte Beweis seiner Gleichgültigkeit sie nicht unberührt gelassen. In mehreren Briefen sprach sie über dieses Thema. Versöhnungsbereit, wie sie ihr Leben lang gewesen war, entschuldigte sie ihn sogar.
„… daß Monsieur meiner nicht in seinem testament gedacht, ist kein wunder, es kann nicht sein. In diesem land kann der mann den frauen nichts vermachen, noch die frau dem mann …" [127]
Das mochte subjektiv zutreffen. Sie wußte aber, daß Monsieur andere Möglichkeiten gehabt hätte, sie finanziell sicherzustellen. Madame, diese *„kleine, häßliche deutsche Kreatur"*, die wie der berühmte Elefant im Porzellanladen herumtrampelte (Arvède Barine,

---

* Das Testament trägt das Datum "Fait à Saint Cloud ce 11 d'Avril 1699"; es wurde also zu einer Zeit gemacht, in der Elisabeth Charlotte glaubte, die Zuneigung Monsieurs gewonnen zu haben.[129]

"Madame, Mère du Régent"),[128] war wieder einmal das Opfer ihrer Gutgläubigkeit geworden.

Nach dem Tode Monsieurs
„ließ mich der König fragen, wo ich hin wollte, ob ich in ein Kloster zu Paris oder nach Maubouisson wollte oder anders wohin? Ich antwortete, daß, weil ich die ehre hätte, vom Königl. hause zu sein, könnte ich keine andere wohnung haben, als wo der König wäre, wollte also gerade nach Versailles." [130]
Daraufhin suchte der König Madame auf. Er „stachelte" zwar ein wenig, wie sie es ausdrückte, aber dann hatten sie ein "gros éclaircissement". Er ließ Madame de Maintenon holen und erklärte ihr, Madame wünsche, sich mit ihr zu versöhnen. (Das hatten sie Saint-Simon zufolge im Auftrag des Königs bereits getan. Weshalb sollte sich diese Szene hier wiederholen?) Es folgte die übliche Umarmung, und Elisabeth Charlotte hoffte, nach so langer Zeit wieder in Gnaden aufgenommen worden zu sein. Sie blieb in Versailles, und erst nach dem Tode Ludwigs XIV. zog sie wieder nach St. Cloud.
Man hat Elisabeth Charlotte vorgeworfen, obwohl sie den Hof kritisiere, könne sie nicht ohne ihn leben.
Sie hatte ihr Leben an Höfen verbracht. Zuerst am Hof ihres Vaters in Heidelberg, sodann an den Höfen in Hannover und Den Haag, die folgenden Jahre wieder in Heidelberg und schließlich am französichen Hof. Es ist deshalb verständlich, wenn sie nach dem Tode Monsieurs in Versailles leben wollte und es ablehnte, nach Montargis zu gehen und das Leben einer „Landdame" zu führen.
„… ginge ich dorthin, ließe man mich stecken, und müßte in dem schloß gar ein langweiliges leben wie eine landdame führen; … das stehet mir nicht ahn, will lieber hier fort schlendern, ob ich zwar nicht in das allerheilige komme, noch von den auserwählten bin …" [131]
Zudem wollte sie nicht nach Montargis,
„… als wenn es eine disgrace wäre, und man meinen sollte, daß ich etwas begangen hätte, um vom hof gejagt zu werden." [132]
Wie so oft, hatte Madame eine realistische Bilanz ihrer Situation gezogen und gewählt, was ihr vorteilhafter erschien.
Am 27. Juli 1701 berichtet Dangeau von einem Spaziergang der Witwe mit dem König und der Herzogin von Burgund, bei dem die Situation Madames das Thema war.
„Der König … will, daß Madame überall dabei ist, er sagt, dies sei ihre Familie; folglich müsse sie wie alle anderen leben und dürfe sich nicht zurückziehn." [133]

Er führte seine Schwägerin zweimal in seiner Kalesche auf die Jagd, und als sie das erste Mal nach Monsieurs Tod wieder in Marly erschien, spazierte er mit ihr, wie in besseren Tagen, durch die Gärten und zeigte ihr die neuesten Errungenschaften.
In ihrem Brief vom 28. Juli 1701 berichtete sie ihrer Tante Sophie von diesem Spaziergang und bedauerte es, daß diese nicht alles Schöne mit eigenen Augen sehen konnte.
Andererseits machte sie sich Gedanken über die Gründe, die Frau von Maintenon zu der plötzlichen Kehrtwendung bewogen haben könnten.
*„… denn eine sach ist gewiß, daß dies
weib nichts tut ohne nachdenken noch umbsonst …"* [134]
„Auf den Gedanken, daß Madame de Maintenon aus alledem vielleicht gar keinen Vorteil ziehen wollte, scheint Madame nicht gekommen zu sein." (Van der Cruysse, „Madame sein ist ein ellendes Handwerck") [135]
Das war nach Liselottes Erfahrungen der letzten fünfzehn Jahre kaum zu erwarten, zumal sie nach wie vor von der Privatsphäre des Königs ausgeschlossen war. Nach dem Nachtessen, an dem sie als Familienmitglied teilnahm, wurde allein sie verabschiedet. Die übrige Gesellschaft begab sich in die Privatgemächer des Königs, wo allabendlich Konzerte, Komödien und andere Unterhaltung geboten wurden.

Leider hielten auch die übrigen Gnadenerweise Ludwigs XIV. nicht an. Bereits am 6. Juli 1702 schrieb Madame an ihre Tante:
„Neues weiß ich jetzt ganz und gar nichts, und wenn ichs gleich wüßte, dörfte ichs nicht sagen, denn man hat mich gewarnt, daß die, so meine briefe lesen, gar wunderliche commentaire darüber machen, umb mir händel bey dem König an zu machen …" [136]
Obwohl sie nach eigener Aussage in ihren Briefen nur noch *„läppereien und langweilige sachen daher plaudert(e)"*, [137] hatte sie sich angeblich *„ohne Genehmigung des Königs in Staatsangelegenheiten eingemischt."*
Über den Inhalt ihrer Briefe bestand offensichtlich eine erhebliche Diskrepanz zwischen der Auffassung der Zensur und ihrer eigenen.

Andererseits befand sich Ludwig XIV. in einem Dilemma. Die Briefe seiner Schwägerin mißfielen ihm zwar; ohne die Tatsache der Zensur offiziell zuzugeben – obwohl sie allgemein bekannt war –, konnte er nichts dagegen unternehmen. Den Gedanken, die Korrespondenz mit ihrer Tante völlig einzustellen, verdrängte Elisabeth Charlotte. Sie war der Rettungsanker in ihrer bedrängten Lage. Ihre Gefühle scheinen denen eines Ertrinkenden geglichen zu haben, der nach dem letzten Strohhalm greift.

Die Ungnade des Königs zog sich hin. Am 28. Februar 1703 schrieb sie:

„… Was mein leben anbelangt, geh ich so mein schlendrian hin, man tut mir nichts guts und nichts böses … Man will mich nirgends haben, … Ich habe mein bestes getan … bey dem König und auch der Maintenon zu sein; weilen man es nicht will, muß ich mich wohl getrösten …" [138]

Hinzu trat aber auch ein Generationenproblem innerhalb der königlichen Familie. Der König und die Maintenon waren eine Generation älter, die übrigen Familienmitglieder z.T. mehr als eine Generation jünger als Madame. Dadurch hatte der Hof sich verändert.

„… der hof (ist) nicht mehr, was er vordem war … Ich habe rechte mühe, mich an die confusion zu gewöhnen; es ist mir unbeschreiblich, wie alles nun ist und gleicht gar keinem hof mehr." [139]

Der Hof war in Parteien zerfallen. Es gab die Partei der Maintenon mit dem Herzog von Maine, die Clique um den Dauphin mit der Prinzessin von Conti, die auf ihn als den künftigen König setzten, und eine andere Partei um den Herzog und die Herzogin von Burgund, und jede dieser Parteien spann ihre eigenen Intrigen.

Man kann Elisabeth Charlotte keinen Vorwurf daraus machen, wenn sie sich an diesem Spiel nicht beteiligen wollte. Lange genug war sie selbst ein Opfer solcher Intrigen gewesen. Zudem fehlten ihr dazu alle Voraussetzungen, vor allem anerzogene Vertrautheit mit der Intrige und Ehrgeiz. Madame de Montespan hatte sie einst mit dieser Kunst vertraut machen wollen, aber Elisabeth Charlotte hatte abgewinkt. Die Montespan war wütend geworden: *„Machen Sie, daß sie fortkommen. Sie taugen zu gar nichts."* (Leben und Charakter der Elisabeth Charlotte, Herzogin von Orléans, Prof. F.K. Schutz) [140]

Sie versuchte, sich mit positiven Dingen zu beschäftigen. Mit ihrer Münzsammlung, geschnittenen Steinen (wohl Gemmen), ihren Tieren, Büchern und Mikroskopen. Sie besaß geistige Resourcen, die es ihr erlaubten, die unvermeidlichen Täler dieser erzwungenen Einsamkeit zu überbrücken. Sie schöpfte aus ihrer Jugend in Heidelberg und aus dem Erbe ihrer Vorfahren. Man erinnere sich etwa an Ott-Heinrich (1502 - 1599), den Schöpfer der Bibliotheca Palatina, die im dreißigjährigen Krieg nach Rom verschleppt worden war. Auf ihn geht auch die Errichtung des Ott-Heinrich-Baus des Schlosses zurück, der eine der schönsten Renaissance-Fassaden nördlich der Alpen aufweist. Oder auch an Friedrich IV., der den Friedrichsbau errichten ließ.

In seinem Buch „Madame sein ist ein ellendes Handwerck" widmet van der Cruysse dieser Frage ein ganzes Kapitel. Er durchstöberte die Archive und war erstaunt über die Listen von Büchern und wertvollen Münzen, die von Madames Hinterlassenschaft erstellt wurden. Sie belegen ihre Belesenheit und ihre weitgefächerten Interessen. Daß ihre ausgedehnte Korrespondenz diesem Anspruch nicht genügte, hat mehrere Gründe, auf die hier nicht näher eingegangen werden kann. Sie beweist aber, daß Elisabeth Charlotte eben nicht im Schmollwinkel saß, wie man ihr vorwarf, sondern den Kontakt mit anderen Menschen nicht verlieren wollte, mit Menschen, die ihr zugetan waren.

Unter günstigeren Verhältnissen wäre sie sicher auch viel gereist, wie sie es in ihrer Jugend gern getan hatte. *„Während der ... zig Jahre, die ich nun in Frankreich bin"*, ein wiederholter Stoßseufzer Madames, hatte sie eine einzige Reise unternehmen dürfen: Nach Flandern und Straßburg. An der berühmten Reise nach Compiègne nahm sie nicht teil, weil sie wieder einmal in Ungnade gefallen war. Nicht einmal eine Reise in ein Heilbad, die sie ihrer rheumatischen Knie wegen gern gemacht hätte, oder ein Besuch bei ihrer Tochter in Lothringen wurden genehmigt. Der französische Hof kam aus seinem Trott Versailles – Fontainebleau – Marly – Versailles nicht heraus. Nur in Kriegszeiten verließen die Männer den Hof.

Fast schwingt ein wenig Selbstmitleid mit, wenn sie über die Königin von Preußen berichtet, die hinreisen konnte, wohin sie wollte. Liselotte mußte sich mit Büchern und den Erzählungen von Reisenden begnügen, um ihren Wissensdurst zu stillen. Als ihr Halbbruder Carllutz in Griechenland Kriegsdienste leistete, bat sie ihn, ihr eine ausführliche Beschreibung zu geben von allem, *„was Ihr ... dort gesehen habt und sehen werdet, und ob noch viel rest von der antiquität dorten zu sehen ist und ob noch gebäud instand sein, wodurch man sehen könnte, was die städte vor diesem gewesen sein... Denn ich gestehe, daß ich eine rechte curiosité habe, um zu wissen wie Athene und Korintho nun beschaffen sein ..."*.[141] Dies einfach als Neugier abzutun, ein Begriff, der gleichzeitig eine negative weibliche Eigenschaft insinuiert, heißt, an ihren Problemen vorbeizugehen.

Ihre Briefe aus dieser Zeit beschäftigten sich mehr und mehr auch mit religiösen Fragen.

Ihre Einsichten und Gedanken waren keineswegs einfältig, wie man immer wieder lesen kann. Sie waren eher kritisch und zuweilen sogar progressiv. Ganz reizend beschrieb sie z.B. in ihrem Brief vom 18. April 1709 eine Episode mit ihrem Beichtvater:

„… er will, man solle alles admirieren, und das kann ich nicht tun, noch mir was weismachen lassen …. er hätte gern, daß ich alle bagatellen von miraclen glauben sollte." [142]

Es ging hier um das Holz vom Kreuz Christi, das nicht brennt, wenn man es ins Feuer wirft. Madame behauptete, das sei kein Mirakel, sondern es gäbe tatsächlich Holz in Mesopotamien, das im Feuer nicht brennt, sondern nur glüht. Der Beichtvater warf ihr vor, sie wolle nur keine Mirakel glauben. Sie stand auf und brachte ihm ein Stück Holz, ließ es ihn examinieren und hielt es dann ins Kaminfeuer. Es brannte nicht, und sie meinte lachend, wenn sie ihn nicht überführt hätte,

„hätte ich groß unrecht gehabt, das miracle nicht zu glauben."

Um ähnliche Themen ging es auch in anderen Briefen, z.B. in dem vom 23. Mai 1709.[143] Sie weigerte sich, Dinge zu glauben, die man ihr nicht beweisen konnte, und führte Passagen aus der Bibel an, um ihre Ansicht zu untermauern.

Im Frankreich Ludwigs XIV. mit seinen rigiden religiösen Vorstellungen und seinem Mystizismus waren dies sträfliche Gedanken. Man erinnere sich nur an die von der Montespan angewandten Liebesmittel oder an Monsieurs eher ridicule potenzsteigernde Bemühungen. Elisabeth Charlotte hinterfragte die Dinge und nahm nicht alles als gegeben hin. Wenn sie z.B. an Frau von Herling schrieb, sie wolle „keine Orgelpfeife" hinstellen (10. Oktober 1676),[144] so war das unerhört. Solche ketzerischen Ideen waren nicht erlaubt.

Im übrigen stimmten Liselottes Gedanken über religiöse Fragen fast wortlich mit denen ihrer Tante Sophie überein. Eine Gegenüberstellung von Passagen aus „Briefe der Kurfürstin Sophie an die Raugräfinnen Louise und Amalie Elisabeth" mit solchen aus ihren eigenen Briefen an ihre Tante belegen dies.

Sophie: „… ich fürchte den Tod nicht" (S. 227, 236)

Liselotte: „… ich wünsche den tod nicht und scheu ihn auch nicht …". [145]

Sophie: Es sei eine Schande, daß Christen so uneinig seien. (S. 94)

Liselotte: „… habe auch nicht lassen können, meinem Beichtvater selber zu sagen, daß mich ärgert, daß leute von einer religion sich so verfolgen"

(Brief v. 24.11.1713) [146]

Sophie: In jener Welt würde man nicht fragen, von welcher Religion wir gewesen seien, sondern, was wir Gutes und Böses getan haben. Das andere sei Pfaffengezänk. (S. 69, 94)
Liselotte: „… Wenn unser Herr Jesus Christus vom jüngsten gericht spricht, sagt er nicht: Ihr habt nicht an mich geglaubt, wie ihr tun solltet, also scheint es wohl, daß wohlzutun das vornehmste ist, um selig zu werden, alles andere ist pfaffengezänk." [147]
Sophie: Sie hofft, daß alle Christen bald einig seien. (S. 94)
Liselotte „… und sollte man meinen rat folgen, würde nie kein zank über die religion werden." (20. Oktober 1714)
Sophie: Gott lieben von ganzem Herzen … und von allen Kräften und seinen Nächsten lieben als sich selbst, alles andere sei Pfaffengezänk und weltliche Interessen, woran sich vernünftige Leute nicht kehren. (S. 94 und 116)
Liselotte: „… denn er (Jesus) sagt, daß Gott lieben von ganzem herzen und ganzer seelen, darin besteht das gesetz und die propheten." (8. Oktober 1704) [149]
Sophie: Sie glaubt an die Prädestination
(S. 69). Gott schicke alles, wie er wolle.
(S. 243)
Liselotte: „Were man nicht persuadiert,
daß alles vorgesehen und nichts zuändern stehet, müßte man in steter qual leben … aber sobald man betracht, daß Gott der allmächtige alles vorsehen hat und nichts geschicht, als was so lange und zu allen zeiten von Gott verordnet ist, muß man sich wohl mit geduld in alles ergeben …"
(25. Juni 1695) [150]
„… Ich habe mir als eingebildt, daß wir unseres Herrgotts marionetten sein, denn man macht uns gehen hier und daher, allerhand personnages spielen. Und darnach fallen wir auf einmal, und das spiel ist
aus …" [151]

Madame erfüllte die Pflichten, die ihr als Konvertitin auferlegt waren. Daß sie dies nicht aus voller Überzeugung tat, wer wollte es ihr verargen. Sie entstammte einer protestantischen Familie. Ihr Vater war der Führer der protestantischen Liga deutscher Fürsten. Sie war fast 20 Jahre alt, als der erzwungene Übertritt zum Katholizismus erfolgte. Man weiß, daß selbst eine Konversion aus Überzeugung Probleme aufwirft und nicht so problemlos verläuft, wie man sich das damals vorstellte und auch erwartete.

In ihrem Buch "Madame, Mère du Régent", beschäftigte sich auch Arvède Barine mit Elisabeth Charlottes religiöser Einstellung. Auf Seite 253 zitiert sie zum Beispiel aus Madames Brief vom 22. Januar 1697 an die Raugräfin Louise:
„Es gibt ein ganz einfaches Mittel, um den religiösen Frieden durch die Vereinigung der beiden Kirchen zu sichern: nämlich, sich nicht darum zu kümmern, was die Leute glauben und sie in die Kirche gehen zu lassen, die sie wählen, ohne es übel zu finden. Ein bewunderungswürdiges Mittel, in der Tat. Es hat nur den einen Fehler: undurchführbar zu sein." [152]

Madame sprach in dem zitierten Brief von drei Religionen: der katholischen, der protestantischen und der calvinistischen.
Sie schrieb:
„Die drei christlichen religionen ... sollten sich für eine halten und sich nicht informieren, was man drinnen glaubt, sondern nur, ob man nach dem evangelium lebt und dagegen predigen, wenn man übel lebt, aber die christen untereinander heiraten lassen, und in welche kirche gehen als sie wollen ohne es übel zu finden, so würde mehr einigkeit unter den christen sein als nun ist." [153]

Sie sprach also nicht von „allen menschen", wenn sie vorschlug, man solle sie „in welche kirchen gehen (lassen) als sie wollen ohne es übel zu finden", sondern von den Eheleuten verschiedener Konfession. Es war also durchaus keine „Dummheit", wenn sie diesen Vorschlag machte, sondern man könnte es eine revolutionäre Idee nennen, über die Frau Barine ihren Spott ergoß. Sie wäre sicher sehr erstaunt gewesen, wenn sie es hätte erleben können, daß Liselottes „Dummheit" etwa 50 Jahre nach ihrem (Barines) Tod in die Praxis umgesetzt wurde.

XV.

Zu den politischen Schwierigkeiten, mit denen Ludwig XIV. seit 1690 zu kämpfen hatte, gesellten sich jetzt Todesfälle in seiner Familie.

Wenn man den Lehren gewisser religiöser Strömungen folgen wollte, die die Strafe für auf Erden begangene Fehler und Unterlassungen nicht ins Jenseits, sondern auf die Erde verlegen, wäre das Schicksal Ludwigs XIV. ein gutes Beispiel für diese Theorie. Nicht nur, daß ihn sein Kriegsglück verlassen hatte, er verlor nach und nach fast seine gesamte legitime Nachkommenschaft. Die unglückliche Idee, sich so eng an die Scarron zu binden, rächte sich jetzt. Sie verhinderte es, dem in späteren Jahren eintretenden eklatanten Mangel an legitimer Nachkommenschaft abzuhelfen. Der König war ein Mann von guter Konstitution. Auch im vorgerückten Alter hätte er noch legitime Nachkommen haben können. Diese Möglichkeit hatte er sich verbaut.

Der erste, den der Tod hinwegraffte, war sein einziger Sohn. Zu diesem Sohn hatte er nie eine väterliche Beziehung gehabt. Maria Theresia hatte nicht das Talent besessen, eine gute Beziehung zwischen ihrem königlichen Gemahl und dem einzigen überlebenden Sohn aus dieser Ehe aufzubauen. An seine Stelle trat der älteste Enkel des Königs, der Herzog von Burgund. Er wurde erzogen, wie es einem künftigen König von Frankreich zukam. Aber auch diesen Enkel ereilte ein früher Tod; er starb im Alter von neunzehn Jahren. Seine Gemahlin, die Herzogin von Burgund, war des Königs Augapfel. Auch sie verstarb – noch vor ihrem Gemahl – an den Röteln.
Man sollte meinen, das Schicksal habe sich mit dieser Ernte begnügt. Dem war aber nicht so. Auch einer der beiden Urenkel, ein Sohn des Herzogs und der Herzogin von Burgund, folgte seinen Eltern ins Grab. Übrig blieben ein Urenkel und der jüngste Sohn des Grand Dauphin, der Herzog von Berry. Letzterer verstarb kurze Zeit später an den Folgen eines Jagdunfalls. Der Thronfolger war nun ein Kind von fünf Jahren.
Diese Todesfälle betrafen Madame nicht direkt. Bald begann jedoch eine Kampagne, die, von der abergläubischen Hofgesellschaft begierig kolportiert, sich rasch in Versailles ausbreitete. Die vielen Todesfälle waren nicht natürlich. Man führte sie auf Gift zurück, und der Täter war der Herzog von Orléans, Liselottes Sohn. Beschäftigte er sich nicht mit chemischen Versuchen? Hatte er nicht in dem Apotheker Homberg einen kompetenten Komplizen? Wenn alle legitimen Erben des Königs aus dem Wege geräumt würden, wäre

der Herzog von Orléans der präsumtive Thronerbe.

Ohne greifbaren Beweis für eine Vergiftung waren Gerüchte ausgestreut worden, die Paris und sogar die Provinzen erreichten, und durch systematisch immer wieder neu verbreitete Andeutungen war dafür gesorgt worden, daß der Verdacht nicht erlosch. Die Höflinge zogen sich vom Herzog von Orléans zurück. Wenn er durch Paris fuhr, schrie die Bevölkerung seiner Kutsche Unflätigkeiten nach. Er wurde ebenso isoliert wie seine Mutter, die schon früher das Opfer von Verleumdungen geworden war.

Philipp mußte ohne Grund dafür büßen, ein Mitglied der Familie Orléans zu sein. Seine Mutter hatte zunächst angenommen, es handele sich um „narretei". Sehr bald mußte sie jedoch erkennen, daß es bitterer Ernst war. Sie mußte es erleben, wie man ihren Sohn desavouierte mit dem Ziel, ihm seine Geburtsrechte streitig zu machen und ihn zugunsten des etwa gleichaltrigen Herzogs von Maine aus der Erbfolge zu verdrängen.

Die Haltung des Königs war undurchsichtig. Glaubte er den Gerüchten, die seinen einzigen Neffen zum Verbrecher und Mörder stempelten? Er hörte sich dessen Rechtfertigung zwar an, griff aber nicht ein, um die Gerüchte zum Verstummen zu bringen. Obwohl erster Prinz von Geblüt, war Philipp von Orléans machtlos. Die abergläubische Hofgesellschaft ächtete ihn. Für die Menschen des 20. Jahrhunderts ist es nicht nachvollziehbar, in welcher Abhängigkeit die königliche Familie und der gesamte Hof leben mußten. Die Ungnade Ludwigs XIV. bedeutete den gesellschaftlichen Ruin, Vendetta à la française, unblutig zwar, aber nicht weniger tödlich. Die Außenseiterrolle, die sein Vater und der König dem jungen Herzog von Chartres aufgezwungen hatten, trug jetzt Früchte. Sie war die Basis, auf der die Maintenon und ihr Anhang diese Kampagne erfolgreich durchführen konnten. Gleichzeitig diente sie dem Ziel, den König von der Notwendigkeit zu überzeugen, seine illegitimen Söhne von der Montespan zu Prinzen von Geblüt zu erheben. Bereits 1708 während des Spanischen Erbfolgekrieges hatte man versucht, Philipp von Orléans zu beseitigen. Man hatte ihm ein Verfahren wegen Hochverrats anhängen wollen, eingefädelt von der Maintenon und ihrer Freundin Orsini. Jetzt hatte nur die Szenerie gewechselt.

Ein weiteres Eingehen auf diese Affären, die andernorts bereits ausgiebig kommentiert worden sind, würde den Rahmen dieser Betrachtung sprengen. Sie sollten lediglich zeigen, daß Madames Mißtrauen, ihre Klagen und ihr ohnmächtiger Zorn damals wie jetzt sehr reale Hintergründe hatte. Von einer Verlagerung ihrer eigenen

Probleme auf „die Kabale" oder gar von Verfolgungswahn, von denen Arvède Barine spricht, kann keine Rede sein.

Nach dem Tode fast aller Mitglieder der engeren königlichen Familie trat einmal mehr eine Veränderung am Hofe des Sonnenkönigs ein. Die Sonne hatte sich schon seit einiger Zeit hinter Wolken verborgen; jetzt verschwand sie endgültig am Horizont und hüllte Versailles in Dunkelheit. Die junge Generation zog sich vom Hof zurück, und ungeachtet des Trauerjahres und der Trauer ihres vereinsamten Familienoberhauptes veranstaltete sie brausende Feste auf ihren Schlössern.

Auch für Madame hatte sich die Situation verändert. Die Maintenon, ihrer einflußreichsten Stütze, der Herzogin von Burgund, beraubt, und nicht in der Lage, ihrem alternden Gefährten über deren Verlust hinwegzuhelfen geschweige sie zu ersetzen, sah sich genötigt, am verwaisten Hof nach Unterhaltung für den König Ausschau zu halten. Am 13. März 1712 schrieb Madame:

„Man hat den König oft verhindert, amitié vor mir zu haben, aber er muß doch innerlich keinen gar großen widerwillen gegen mich gehabt haben, weilen Ihro Majestät unangesehen aller bösen offices, so Monsieur selber und mehre mir geleistet, mich doch noch leiden können und mir endlich erlaubt, ihn wie die andern, so mehr geliebt sein als ich, zu sehen." [154]

Es ist erstaunlich zu lesen, welche Gedanken sich Elisabeth Charlotte darüber machte, ob der König sie trotz allem „doch noch leiden" könne. Wenn man sich vor Augen hält, wie häufig sie den Preis für die Intrigen anderer bezahlen mußte und wie niederträchtig sie oft „tractiert" worden war, hätte sie ihren Schwager eher hassen müssen. Seinetwegen wünschte sie sogar der Maintenon ein langes Leben, obwohl sie erkannte, daß „das alte weib ... unsere ärgste feindin ist." Sie konnte die sœur pacifique trotz aller Demütigungen, die sie erfahren hatte, nicht verleugnen.

Am 15. Juni 1714 [155] bedankte sich Elisabeth Charlotte bei ihrer Tante Sophie für die guten Wünsche zu ihrem Geburtstag.

Sie ahnte nicht, daß sie diesen Brief an eine Tote schrieb. Noch bevor sie die Nachricht aus Hannover erhielt, war diese am Versailler Hof eingetroffen. Ihr Beichtvater überbrachte ihr die Hiobsbotschaft. Bei einem Spaziergang im Park von Herrenhausen hatte ein Schlaganfall dem Leben der Kurfürstin ein Ende gesetzt.

Ihrer Schwester Louise beschrieb Madame, welche Wirkung diese Nachricht auf sie hatte.

„Es kam mich ein zittern an, als wenn man in einem starken fieber

den frost hat. Ich wurde auch dabei bleich wie der tod, war wohl eine viertelstund ohne weinen, aber der atem fehlte mir, war als wenn ich ersticken müßte … Diese liebe Kurfürstin selig war all mein trost in allen widerwärtigkeiten, so mir hier so häufig zugestoßen sein." [156]
Dieser Verlust, der ihr viel näherging als der Tod ihrer leiblichen Mutter, scheint der Anstoß zu Elisabeth Charlottes Entschluß gewesen zu sein, sich endgültig vom Hofleben zurückzuziehen.
„Was ich tag und nacht ausstehe, kann ich Euch unmöglich schreiben … Ich muß auch wider meinen willen auf die jagd; in der letzten weinte ich bitterlich, denn der Kurfürst von Bayern kam zu meiner kalesch und machte mir ein compliment auf meinen verlust. Da konnte ich nicht mehr halten, sondern brach ganz heraus. Das währte die ganze jagd. Ich sahe wohl, daß man mich darüber auslachte, aber es konnte nicht anders sein … Auch lebe ich an diesem hof wie eine solitaire … bin allzeit in meiner kammer, wo ich lese oder schreibe; denn wenn ich die gründliche wahrheit sagen soll, so ist mir alles verleidt …" [157]

Von allen ihren deutschen Verwandten war jetzt nur noch ihre Halbschwester Louise am Leben. Mit ihr hatte sie keinerlei gemeinsame Erinnerungen, so daß die Briefe, die hin- und hergingen, zwangsläufig inhaltloser wurden.

Um diese Zeit begann Elisabeth Charlotte, über ihre Knie und Füße zu klagen, die ihr Schmerzen beim Gehen bereiteten. Die Ärzte hatten sie zur Ader gelassen und purgiert, obwohl sie nicht krank war. Sie fühlte sich danach geschwächt und lustlos. Zudem gab es erneut Ärger mit der Maintenon; Liselottes Sohn hatte seine Mutter gebeten, die Fürstin Orsini nicht zu empfangen. Sie war die Todfeindin des Herzogs von Orléans geworden. Die Feindschaft hatte sich an den bösen Erfahrungen und dem fauxpas entzündet, den er in Spanien beging, als er sie und die Maintenon in Weinlaune als Kapitän und Leutnant „Möse" – nach anderen Quellen „Unterrock" – bezeichnete. Auch dieses Geplänkel schien Madame nicht mehr sehr zu berühren. Die Zeit der Prüfungen neigte sich ihrem Ende zu.
„Der alte groll wird nur mit dem leben enden, und alles, was die zott nur wird erdenken können, mir bös office zu leisten und mich zu chagrinieren, das wird sie tun." [158] (10. Mai 1715)

Am 27. August 1715 kündigte Madame ihrer Schwester Louise den bevorstehenden Tod Ludwigs XIV. an.
Die Szenen, die sich bei dessen Tod abspielten, sind immer wieder minutiös beschrieben worden. Erstaunlich ist, wie Elisabeth Charlotte

ihr letztes Zusammentreffen mit ihrem Schwager beschrieb.
Im Kreise seiner übrigen Verwandten nahm sie Abschied von demjenigen der beiden Brüder, den sie verehrt, bewundert und geliebt hatte, seit sie ihm vierundvierzig Jahre zuvor in Villers-Cotterêts zum erstenmal begegnet war.
Sie betrauerte seinen Tod aufrichtig.

In ihren letzten Lebensjahren äußerte sie sich verschiedentlich hierüber. Seine Fehler und seine persönlich oft feindliche Haltung ihr gegenüber hatte sie immer wieder, mit unwandelbarer Treue, verteidigt und entschuldigt.
Trotz vieler Gemeinsamkeiten war es diesen beiden Menschen nicht bestimmt gewesen, in Freundschaft miteinander zu leben.
Die letzten Worte, die Ludwig an seine Schwägerin richtete,
"… er hat mich versichert, daß er mich allezeit geliebt hette, und mehr als ich selber gemeint …", [159]
berührten sie tief, und es hat den Anschein, als ob sie die Erinnerung an alle vorangegangenen Mißhelligkeiten auslöschten, obwohl sie vielleicht nur als Trost für sie gemeint waren. Wie dem auch sei, das Geständnis kam so oder so zu spät.

Natürlich ging auch diese letzte Szene nicht ohne die Einmischung der Maintenon über die Bühne. Selbst am Sterbebett des Königs konnte sie es sich nicht versagen, Madame wie eine ihrer Elevinnen von St. Cyr zu schulmeistern, weil er ihr ein paar freundliche Worte sagte.
"Wie der König mit mir auf seinem todbette sprach, wurde sie feuerroth und sagte: Madame, gehen Sie, der König ist sehr gerührt, gehen Sie, die aufregung könnte Seiner Majestät schaden. Wie ich hinaus gieng, folgte sie mir und sagte: Glauben Sie nicht, Madame, daß ich es war, die sie beim König schlechtgemacht hat. Ich antwortete in vollen thränen, denn ich meinte zu bersten vor betrübnuß: Madame, il n'est plus question de tout cela, und gieng fort." [160]
In ihrem Anfall von Ärger und Eifersucht bemerkte die Maintenon nicht einmal, daß ihre eigenen Worte sie Lügen straften.

"Nach des Königs tod bin ich nach St. Cyr gefahren und habe dort Madame de Maintenon besucht …"
Elisabeth Charlotte tat dies, um ihr zu zeigen,
"daß ich alles wohl weiß, aber doch, weil ich eine christin bin, meinen feinden vergeben könne …",
und nicht, wie die Damen von St. Cyr in ihren Memoiren schrieben, weil sie der Maintenon jetzt noch irgendeine „Stellung beimaß".

Die Maintenon reagierte unwirsch. *"Madame, was wollen Sie denn hier?"* [161]

Wenn man bedenkt, wie die Maintenon sich Elisabeth Charlotte gegenüber bis zuletzt verhalten hat, wäre es an ihr gewesen, sie aufzusuchen und sich zu entschuldigen. Eine so noble Geste wäre dieser Frömmlerin freilich niemals in den Sinn gekommen.

Kurz zuvor war Liselottes Sohn, der Herzog von Orléans, in St. Cyr gewesen. Er führte der Maintenon das Unrecht vor Augen, das sie mit der Verbreitung der üblen Giftmordgerüchte begangen hatte, obwohl sie genau wußte, daß sie falsch waren.

Sie versuchte, sich mit der fadenscheinigen Ausrede zu rechtfertigen, sie habe an seine, des Herzogs, Schuld geglaubt.

"Nein, Madame, Sie haben nicht daran geglaubt. Sie kannten doch den Bericht, den man dem König darüber abstattete."

Er konnte ihr keine Entschuldigung abringen. Alles, was Philipp von Orléans erreichte, war die Zusage, sie werde *"dergleichen nicht mehr behaupten."*

Fünf Monate vor ihrem Tod schrieb Elisabeth Charlotte in einem Brief an Herrn von Harling:

"Vorgestern ... als ich eben wieder von Versailles kam, welches mir das herz so schwer gemacht, daß ich mich nicht zu behelfen gewußt, denn ob ich zwar den jungen König und sein artig bräutgen und Infantgen herzlich lieb habe, so muß ich doch gestehen, daß ich mich nicht gewöhnen kann, überall nichts als kinder zu sehen und nirgend den großen König, den ich so herzlich geliebt habe." [162]

Dieser liebevolle Nachruf Madames weicht angenehm ab von dem, den die Pariser ihrem König widmeten:

"Tyran de bronze, il fut toujours ainsi"

schmierten sie auf sein Standbild auf dem Siegesplatz, das ihrer Zerstörungswut widerstanden hatte.

XVI.

Diese Betrachtung soll nicht abgeschlossen werden, ohne kurz auf die "moralische und spezifisch weibliche Misere" einzugehen, der diese deutsche Kurfürstentochter am Versailler Hof ausgesetzt war, wie es Helmuth Kiesel im Vorwort zu seinem Buch "Briefe der Liselotte von der Pfalz" so treffend formulierte.

Monsieur war ein Mensch, der die Vorzüge seiner Gemahlin nicht

würdigen konnte. Er verstand nichts von dem Dilemma, in das sie durch diese Heirat geraten war. Ihr Wesen und ihre moralischen Anschauungen, die sie vorlebte, ohne dabei in Sittenpredigerei zu verfallen, widersprachen der Situation, in der sie als seine Ehefrau leben mußte. Der gute Vorsatz, wohl mit Monsieur zu leben, den sie trotz allem gefaßt hatte, scheiterte an seinem Desinteresse und wurde durch seinen Lebenswandel immer wieder Prüfungen unterworfen. Ihre Zuneigung, die anfänglich offenbar vorhanden war, empfand er als „importune", das heißt, sie war ihm lästig. Dieses unheilvolle Wort klang immer wieder in ihrer Erinnerung nach.
Der Sittenkodex jener Zeit forderte von einer Ehefrau Gehorsam ihrem Eheherrn gegenüber. Ihre Versuche, ihn sich geneigter zu machen, stießen auf Unverständnis und Ablehnung. Er zeigte ihr seine Verachtung ganz offen und unterließ nichts, sie in den Augen der Höflinge und – schlimmer – seines Bruders lächerlich und verächtlich zu machen. Er entzog ihr die gemeinsamen Kinder und setzte vor allem den Sohn schon in jungen Jahren einem Lebenswandel und Erfahrungen aus, die ihm später so nachteilig werden sollten.
Aus Unterwürfigkeit seinem Bruder gegenüber stimmte er endlich der Heirat dieses Sohnes mit einer nicht standesgemäßen Frau zu, ohne daß sie daran etwas ändern konnte.

Saint-Simon hat gesagt, Madame habe den König immer nur gefürchtet. Nichts ist irriger. Monsieur hat seinen Bruder immer nur gefürchtet, trotz seines betont unbefangenen Betragens ihm gegenüber. Seine Frau war eine der wenigen Persönlichkeiten, die zumindestens den Versuch wagte, dem "soft spoken despot" Widerstand entgegenzusetzen.
Madame hätte einem Mann, der ihre Eigenständigkeit respektierte und ihre moralische Haltung würdigte, eine echte Gefährtin sein können, auf die Verlaß war, auch in schwierigen Zeiten. Die Divergenz in ihren moralischen Anschauungen und die diametral entgegengesetzten Charaktereigenschaften dieser beiden Menschen, die das Schicksal und politisches Kalkül zusammengeführt hatten, eigneten sich nicht für eine harmonische Ehe.

Literatur

Anonym, Danzig 1791
Bekenntnisse der Prinzessin
Elisabeth Charlotte von Orléans

Anonym
Ludwigs XIV. Königes in Frankreich
wunderwürdiges Leben oder Steigen
und Fall

Barine, Arvède
Madame, Mère du Régent

Bernier, Olivier
Ludwig XIV.

Bertrand, Ludwig
Ludwig XIV.

Bluche, François
Ludwig XIV.

Bodemann, Eduard
Elisabeth Charlotte von Orléans

derselbe
Sophie Kurfürstin v. Hannover,
Briefwechsel m. ihrem Bruder,
d. Churfürsten Carl Ludwig v. d. Pfalz

Edition Boislisle
Mémoires, Duc de Saint-Simon

Burke, Peter
Ludwig XIV., Die Inszenierung des
Sonnenkonigs

Bussy-Rabutin, Roger
Geheime Liebschaften

Choisey, François
Mémoires

Cronin, Vincent
Der Sonnenkönig

Crusenstolpe, Magnus Jacob
Der Versailler Hof

Cruysse, van der, Dirk
Madame sein ist ein ellendes Handwerck

Erlanger, Philippe
Ludwig XIV.

Ermler, J.
Die Briefe d. Liselotte als Geschichts-
quelle über ihre deutsche Verwandtschaft

Forster, Elborg
A Woman's Life in the Court of the
Sunking

Fränkel, Hugo
Liselotte von der Pfalz

Gaxotte, Pierre
Ludwig XIV.

Gayer, Kurt
Bei Hofe weint man nicht

Geiger, Ludwig
Briefe der Elisabeth Charlotte von
Orléans 1673 - 1715

Hartmann, Cyril Hughes
Charles II. and Madame

Helmolt, Hans, F.
Kritisches Verzeichnis d. Briefe d.
Herzogin v. Orléans nebst dem Ver-
such einer Bibliographie

derselbe
Elisabeth Charlotte v. Orléans,
Briefe an Caroline v. Wales und an
Anton Ulrich v. Braunschweig

Henderson, Ernest F.
A Lady of the Old Regime

Kathe, Heinz
Der Sonnenkönig

Kiesel, Helmuth
Briefe der Liselotte von der Pfalz

derselbe
Herzogin Elisabeth Charlotte v. Orléans
genannt Liselotte v. d. Pfalz; in: Deutsche
Dichter d. l7. Jahrhunderts, Ihr Leben und
Werk

Knetsch, Carl
Elisabeth Charlotte v. d. Pfalz und ihre
Beziehungen zu Hessen

Knoop, Mathilde
Madame, Liselotte von der Pfalz

Köcher, A. Hrsg.
Memoiren d. Herzogin Sophie v. Hannover

Kollnig, Karl
Liselotte von der Pfalz

Krohn, Wilhelm
Die letzten Lebensjahre Ludwig's XIV.

Langewiesche-Brandt
Die Briefe der Liselotte

Lebigre, Arlette
Liselotte von der Pfalz

Lewis, W. H.
The Scandalous Regent

Ludwig XIV.
Memoiren

Mitford, Nancy
Der Sonnenkönig

Petri, C.
Louis XIV.

Poensgen, Georg
Bildnisse der Liselotte v. d. Pfalz

Saint-Simon, Louis de
Der Hof Ludwigs XIV.

Schott, Theodor
Elisabeth Charlotte, Herzogin von Orléans

Schütz, Friedrich Carl
Leben u. Charakter d. Elisabeth Charlotte von Orléans

Schwesig, Bernd Rüdiger
Ludwig. XIV.

Sévigné, de, Marie
Briefe

Strich, Michael
Liselotte und Ludwig XIV.

derselbe
Liselotte von der Kurpfalz

Taillandier, Madeleine
Madame de Maintenon

Volkmar, F.
Herzogin Elisabeth Charlotte v. Orléans

Walton, GuyLouis
 XIV.'s Versailles

v. Weech, Friedrich
Zur Geschichte der Erziehung des Kurfürsten Karl von der Pfalz und seiner Schwester Elisabeth Charlotte

Weigand, Wilhelm
Der Hof Ludwigs XIV.

Wille, Jakob
Elisabeth Charlotte, Herzogin von Orléans

Wundt, Daniel Ludwig
Versuch d. Geschichte des Lebens und der Regierung Karl Ludwigs, Kurfürst v. d. Pfalz

Ziegler, Gilette
Der Hof Ludwigs XIV. in Augenzeugenberichten

Anhang

Die Zitate aus den Briefen der Liselotte von der Pfalz sind der vereinfachten Schreibweise halber überwiegend der Sammlung Langewiesche-Brandt, Ausgabe 1958, entnommen.

1) Reiger'sche Ausgelöschte Churpfalz, Simmernsche Stammlinie
2) Bodemann, Eduard
Aus den Briefen der Herzogin Elisabeth Charlotte v. Orléans an die Churfürstin Sophie von Hannover, Brief v. 15. Oktober 1701, Bd. II, S. 21
3) Helmolt, Hans F.
Briefe der Herzogin Elisabeth Charlotte v. Orléans an Caroline von Wales, Brief v. 8. September (ohne Jahr), S. 218
4-7) v. Weech, Friedrich
Zur Geschichte d. Erziehung d. Kurfürsten Karl v. d. Pfalz u. seiner Schwester Elisabeth Charlotte, Zeitschrift f. d. Geschichte d. Oberrheins, Band VIII, Instruktionen, S. 101-119
8) Bodemann, Eduard
Briefwechsel d. Herzogin Sophie v. Hannover mit ihrem Bruder, dem Churfürsten Karl Ludwig v. d. Pfalz, Brief v. 17/7 Nov. 1659, S. 20
9) van der Cruysse, Dirk, „Madame sein ist ein ellendes Handwerck", S. 77
10) Brief v. 21. Januar 1668, Bodemann, Ed., s. 8), S. 133
11) Poensgen, Georg, „Die Bildnisse der Liselotte v. d. Pfalz", S. 3
12) Langewiesche-Brandt, Ausgabe 1958, Brief v. 19. Sept. 1685 an Wilhelmine Ernestine, Churfürstin v. d. Pfalz, S. 70
13) van der Cruysse, s. 9), S. 18
14) Holland, Wilhelm Ludwig
Elisabeth Charlotte, Herzogin von Orléans, Briefe, Brief v. 5. März 1695 an die Raugräfin Louise, Bd. I, S. 30
15) Erlanger, Philippe, „Louis XIV.", S. 305
16) Brief v. 7. März 1696 an Sophie, Bodemann I, S. 237/38
17) van der Cruysse, s. 9), S. 293
18) Erlanger, Philippe, s. 15), S. 190
19) Lewis, W. H., "Louis XIV.", S. 62/63
20) Grande Mademoiselle, Mémoires
21) Hartmann, Charles, H., "Charles II. and Madame", S. 58/59
22) Crusenstolpe, von H. H., „Der Versailler Hof", Bd. I, S. 233/34
23)-27) Erlanger, Philipp, s. 15), S. 191 ff
28) Sévigné, Marie de, Briefe, Brief v. 12. Februar 1672
29) Knoop, Mathilde, „Liselotte von der Pfalz", S. 45
30) Ludwig XIV., „Memoiren", S. 168/70
31) Bodemann, Eduard

Briefe d. Herzogin Elisabeth Charlotte v. Orléans an ihre frühere Hofmeisterin A. K. v. Harling... und deren Gemahl Geh. Rath Fr. v. Harling, Brief v. 4. Februar 1672 an Fr. v. Harling, S. 15-17

32) Erlanger, Philipp, s. 15), S. 223

33) Forster, Elborg, "A Woman's Life in the Court of the Sunking", S. XXIX

34) Brief v. 29. Dezember 1701 an Sophie, Bodemann II, S. 26

35) Bodemann, Ed., „Briefe d. Churfürstin Sophie a. d. Raugrafen u. Raugräfinen d. Pfalz," Brief v. 10. August 1687, S. 59

36) Brief v. 21. Januar 1703 an Sophie, Bodemann II. S. 56/57 (auch an Caroline v. Wales, Brief v. 3. Dez. 1720, Helmolt, Hans F., S. 222)

37) Brief v. 11. Januar 1678 an Sophie, Bodemann, Eduard, Bd. 1, S. 20

38) Brief v. 14. November 1678 an Sophie, Bodemann, Eduard, Bd. I, S. 26

39) Brief v. 2. Mai 1697 an Sophie derselbe, Bd. I, S. 286

40) Brief v. 12. September 1682 an Sophie, derselbe, Bd. I, S. 44/45

41) Brief v. 19. September 1682 an Sophie, Geiger, Ludwig, Briefe der Elisabeth Charlotte v. Orléans 1673-1715, S. 32 ff auch Bodemann, Eduard, Bd. I, S. 49

42) van der Cruysse, Dirk, „Madame sein ist ein ellendes Handwerck", S. 291

43) derselbe, S. 299

44) Brief v. 19. September 1682 an Sophie, Geiger, Ludwig, s.o. S. 35

45) Choisy, François, Mémoires, Bd. II, S. 29 ff

46) Strich, Michael, „Liselotte von der Kurpfalz", S. 100

47) Taillandier, Saint Réné, "Madame de Maintenon", S. 28/29

48) Strich, Michael, s. o., S. 105

49) Erlanger, Philippe, „Ludwig XIV.", S. 260

50) von der Cruysse, Dirk, s. o., S. 325

51) Wille, Jakob, „Elisabeth Charlotte, Herzogin v. Orléans", S. 56

52) Bluche, François, „Im Schatten des Sonnenkönigs", S. 13 u. 27

53) Brief v. 1. November 1685 an Sophie, Bodemann, Eduard, Bd. I, S. 65/66

54) Brief v. 2. August 1686 an Sophie, Bodemann, Eduard, Bd. I, S. 71/72

55) Brief v. 11. August 1686 an Sophie, Bodemann, Ed., Bd. I, S. 72

56) Ziegler, Gilette, „Der Hof Ludwigs XIV," in Augenzeugenberichten", S. 176

57) Mitford, Nancy, „Der Sonnenkönig", (zitiert aus „Briefe Madame de Maintenon", S. 70)

58) Erlanger, Philippe, „Ludwig XIV.", S. 260

59) Brief v. 28. Februar 1719 an Carolin v. Wales, Helmolt, Hans F., S. 130

60) Brief v. 2. Mai 1697 an Sophie, Bodemann I, S. 286

61) Brief v. 19. März 1716 an Caroline v. Wales, Helmolt, Hans F., S. 79

62) Erlanger, Philipp, „Ludwig XIV.", S. 274

63) Schütz, F.K., „Leben und Charakter der Elisabeth Charlotte von Orléans", S. 96/97

64) Erlanger, Philippe, „Ludwig XIV.", S. 297

65) derselbe, S. 343

66) Brief v. 10. Okt. 1693 an Sophie, Bodemann, Ed., Bd. I, S. 186
67) Brief v. 14. April 1688 an Sophie, Bodemann, Ed., Bd. I, S. 94
68) Erlanger, Philippe, „Ludwig der XIV.", S. 289
69) Bertrand, Ludwig, „Ludwig der Vierzehnte", S. 212
70) Gaxotte, Pierre, "Louis XIV.", S. 232/33
71) Brief v. 10. November 1688 an Sophie, Bodemann, Ed., Bd. I., S. 102
72) van der Cruysse, Dirk, „Madame sein ist ein ellendes Handwerck", S. 364
73) derselbe, S. 367
74) Varnhagen v. Ense, „Denkwürdigkeiten", Bd. III, S. 54 f
75) Lebigre, Arlette, „Liselotte v. d. Pfalz", S. 177
76) Brief v. 21. Februar 1692 an Sophie, Bodemann, Ed., Bd. I, S. 144
77) Mitford, Nancy, „Der Sonnenkönig", S. 135
78) Wille, Jacob, „Elisabeth Charlotte, Herzogin v. Orléans", S. 83, 81, 82
79) Crusenstolpe, Magnus J., „Der Versailler Hof", Bd.1, S. 249
80) Saint-Simon, Louis, Mémoires, Edition Boislisle, Bd. XXVIII, S. 215, Übersetzung v. Arthur Schurig, Herausgeber Weigand, Wilhelm, „Der Hof Ludwigs XIV.", S. 482
81) Cronin, Vincent, „Der Sonnenkönig", S. 277
82) Strich, Michael, „Liselotte von der Kurpfalz", S. 174
83) Mitford, Nancy, „Der Sonnenkönig und sein Hof", S. 123
84) Bertrand, Ludwig, „Ludwig der Vierzehnte", S. 242
85) Saint-Simon, Mémoires, Edition Boislisle, Bd. XXVIII, S. 217, Übersetzung Arthur Schurig, s.o. S. 483
86) Strich Michael, „Liselotte v. d. Kurpfalz", S. 174
87) Bertrand, Ludwig, „Ludwig der Vierzehnte", S. 326
88) Erlanger, Philippe, „Ludwig XIV.", S. 303
89) derselbe, S. 302
90) Brief v. 20. Sept. 1708, an Sophie, Bodemann, Ed., Bd. II, S. 189 und Weigand, Wilhelm, „Der Hof Ludwigs XIV.", S. 111
91) Brief v. 7. November 1719, Helmolt, Hans F., „Briefe an Caroline von Wales, S. 140
92) Madame de Maintenon, Correspondance Générale, iii, 323
93) dieselbe
94) Madame de Maintenon, Correspondance Authentique, Bd. I, S. 183
Brief v. 25. Dez. 1686 an Mme de Brinon
95) Méry, Joseph, „Ninon de Lenclos", S. 6
96) Brief v. 24. März 1701 an Sophie, Bodemann, Ed., Bd. I, S. 431
97) Kollnig, Karl, „Liselotte v. d. Pfalz, Herzogin v. Orléans", S. 31
98) Kiesel, Helmuth, „Briefe der Liselotte v. d. Pfalz", S. 9
99) Barine, Arvède, "Madame, Mère du Régent", S. 214
100) Brief v. 5. März 1695 an Louise, Holland, Wilhelm Ludwig, Bd. I, S. 30
101) Barine, Arvède, "Madame, Mère du Régent", S. 163
102) Lebigre, Arlette, „Liselotte von der Pfalz", S. 221/22

103) Brief v. 25. November 1696, Bodemann, Ed., Bd. I, Nr. 262

104) Brief v. 21. September 1700 an Sophie, Bodemann, Ed., Bd. I, S. 416

105) Brief v. 15. Mai 1695 an Sophie, Bodemann I, Nr. 208

106) Brief v. 12. Juni 1701 an Sophie, Bodemann II, S. 1

107) Saint-Simon, Mémoires, Bd. VIII, S. 327 ff

108) Brief v. 17. April 1701 an Sophie, Bodemann, Ed. Bd. I, S. 435

109) Brief v. 4. November 1701 an Amelise, Holland, Wilhelm, Ludwig, , Band I, S. 248

110) Brief v. 28. Januar 1708 an Sophie, Bodemann Bd. II, S. 172

111) Saint-Simon, Louis, "Mémoires", Édités par A. de Boislisle, Band VIII, S. 327

112) Weigand, Wilhelm, „Der Hof Ludwigs XIV.", Fußnote S. 324

113) van der Cruysse, Dirk, s. 9), S. 440

*Ich habe eine Kopie des Heiratsvertrages durchgesehen, aber keine solche Klausel darin gefunden. (D. Verf.)

114) Lebigre, Arlette, s. 75), S. 274

115) Brief v. 12. Juni 1701 an Sophie, Bodemann, Bd. II, S. 1

116) van der Cruysse, Dirk, s. 9), S. 448

117) ders., S. 446

118) Saint-Simon, Louis, "Mémoires", Bd. VIII, S. 355, Fußnote 1

119) Gayer, Kurt, „Bei Hofe weint man nicht", S. 13/14

120) Brief v. 28. April 1719 an Caroline v. Wales, S. 245

121) Brief v. 8. Oktober 1720 desgl., S. 247

122) Lebigre, Arlette, S. 75, S. 311

123) Brief v. 15. Oktober 1718 an Louise, s.14), Bd. III, S. 408

124) Saint-Simon, Louis, "Mémoires", Bd. VIII., S. 356

125) Brief v. 12. Juni 1701 an Sophie, Bodemann, Bd. II, S. 1

126) Saint-Simon, Louis, "Mémoires", Bd. XV, S. 469 ff

127) Brief v. 7. Juli 1701 an Sophie, Bodemann, Bd. II, S. 4

128) Barine, Arvède, "Madame, Mère du Régent", S. 215

129) Testament de Monsieur, Saint-Simon, "Mémoires", Bd. VIII, Appendice XXIV, Seite 620/21

130) Brief v. 23. Dezember 1718 an Caroline v. Wales, S. 231/32

131) Brief v. 21. April 1704 an Sophie, Bodemann Bd. II, S. 73

132) Brief v. 6. Dezember 1718 an Caroline v. Wales, Helmolt, S. 232

133) Dangeau, Tagebuch unterm 27. Juli 1701

134) Brief v. 21. Juli 1701 an Sophie, Bodemann Bd. II, S. 7

135) van der Cruysse, Dirk, s. 9), S. 451

136) Brief v. 6. Juli 1702 an Sophie, Bodemann, Bd. II, S. 47

137) Brief v. 1. Februar 1703 an Sophie, Bodemann, Bd. II. S. 58

138) Brief v. 28. Februar 1703 an Sophie, Bodemann, Bd. II, S. 60

139) Brief v. 2. August 1705 an Sophie, Bodemann, Bd. II, S. 113

140) Schütz, F. K., „Leben u. Charakter d. Elisabeth Charlotte, Herzogin von Orléans,

Leipzig 1820, S. 158

141) Brief v. 17. Mai 1688 an Karllutz, Holland, Wilhelm Ludw., Bd. 6, Nachträge, Nr. 18, S. 511-15

142) Brief v. 18. April 1709 an Sophie, Bodemann, Bd. II, S. 205/06

143) Brief v. 23. Mai 1709 an Sophie, Bodemann, Bd. II, S. 213

144) Brief v. 10. Oktober 1676 an Frau v. Harling, s. 31), Bodemann, S. 33/34

145) Bodemann, Eduard
Briefe d. Churfürstin Sophie v. Hannover an d. Raugräfinnen und Raugrafen zu Pfalz, s. 35), S. 227 u. 326

145) Brief v. 11. Juli 1720 an Louise, Holland, Wilh. Ludwig, Bd. V, S. 192

146) Briefe der Churfürstin Sophie v. Hannover ... s. 145, S. 94, Brief v. 24. November 1713 an Sophie, Bodemann, Bd. II, S. 333

147) s. 145), S. 69 und 94
Brief v. 16. November 1704 an Sophie, Bodemann, Bd. II, S. 93

148) s. 145), S. 94
Brief v. 20. Oktober 1714 an Louise, Holland, Wilh. Ludw., Bd. 2, S. 466

149) s. 145), S. 94 und 116
Brief v. 8. Oktober 1704 an Sophie, Bodemann, Bd. II, S. 88

150) s. 145), s. 243
Brief v. 25. Juni 1695 an Louise, Holland, Wilh. Ludw., Bd. I, S. 34/35

151) Brief v. 18. September 1691 an Sophie, Bodemann, Bd. I, S. 138/39

152) Barine, Arvède, "Madame, Mère du Régent", zitiert aus dem Brief Madame's v. 22. Januar 1697 an Louise, Barine s. 253

153) Brief v. 22. Januar 1697 an Louise, Holland, Wilh. Ludw., Bd. I, S. 75

154) Brief v. 13. März 1712 an Sophie, Bodemann, Bd. II, S. 305/06

155) Brief v. 15. Juni 1714 an Sophie, Bodemann, Bd. II, S. 349

156) Brief v. 1. Juli 1714 an Louise, Holland, Wilh. Ludw., Bd. 2, S. 403

157) Brief v. 10. Juli 1714 an Louise, Holland, Wilh. Ludw., Bd. 2, S. 406

158) Brief v. 10. Mai 1715 an Louise, Holland, Wilh. Ludw., Bd. 2, S. 556/57

159) Brief v. 27. August 1715 an Louise, Holland, Wilh. Ludw., Bd. 2, S. 614/15

160) Brief v. 10. Oktober 1719 an Caroline v. Wales, Helmolt, Hans F., „Briefe an Caroline v. Wales ...", S. 140

161) Brief v. 15. Dezember 1715 an Caroline v. Wales, S. 230

162) Bodemann, Eduard
Briefe d. Herzogin Elisabeth Charlotte v. Orléans an ihre frühere Hofmeisterin A.K. v. Harling geb. Uffeln, u. deren Gemahl ...Fr. v. Harling zu Hannover
Brief v. 4. Juli 1722 an Herrn v. Harling, S. 212/13